图书馆传播理论与实践

The Theory and Practice of Library Communication

王　韧　著

海洋出版社

2023年 · 北京

内容简介

本书围绕图书馆传播理论与实践这个主题，从传播的概念、图书馆传播、国际上对图书馆传播的重视、图书馆的传播者和受众、图书馆的传播渠道、图书馆的传播内容和规律、图书馆的传播效果评估以及未来图书馆的传播方面详细论述了图书馆传播的重要意义，强调图书馆馆员认同图书馆的价值观，爱上图书馆，从而自觉地传播图书馆。

图书在版编目（CIP）数据

图书馆传播理论与实践/王韧著．—北京：海洋出版社，2023.6

（二十一世纪图书馆学丛书／丘东江主编．第五辑）

ISBN 978-7-5210-0505-9

Ⅰ．①图…　Ⅱ．①王…　Ⅲ．①图书馆学-传播学　Ⅳ．①G250

中国版本图书馆 CIP 数据核字（2019）第 297724 号

TUSHUGUAN CHUANBO LILUN YU SHIJIAN

责任编辑：赵　武

责任印制：安　森

海洋出版社　出版发行

http：//www. oceanpress. com. cn

北京市海淀区大慧寺路 8 号　邮编：100081

鸿博昊天科技有限公司印刷　新华书店发行所经销

2023 年 6 月第 1 版　2023 年 6 月北京第 1 次印刷

开本：787mm×1092mm　1/16　印张：15

字数：210 千字　定价：96.00 元

发行部：010-62100090　总编室：010-62100034

主编弁言

“二十一世纪图书馆学丛书”第一、二、三、四辑出版以来，受到图书馆工作者的欢迎。因为其主要特点是选题务实、信息新颖、内容丰富、注重图书馆实践和结合图书馆工作实际。

现在，该丛书第五辑出版的13个选题，是从60多个应征稿件中仔细挑选出来的。这些选题力求题材独特、知识丰富、立意新颖和可读性强。

“二十一世纪图书馆学丛书”第五辑涵盖面比前四辑更为广泛，包括《特色资源元数据设计与应用》《高校图书馆研究影响力评价服务实务》《图书馆传播理论与实践》《海上图林——海派图书馆事业的萌芽与发展》《专题馆，图书馆深化服务的探索》《不独芸编千万卷——图书馆讲座实务》《信息技术在图书馆的应用》《新时期上海图书馆文献编目工作实践》《连续出版物机读目录的编制》《图书馆世家的读书种子——沈宝环之生平、著述与贡献》《两个世界图书馆合作组织知多少》《图书馆，不仅是藏书楼》《图书馆里的巾帼典范——海外图书馆知名女性理解的阅读与人生》。

我想上述选题内容，图书馆馆员会有兴趣阅读；相信这些务实的专业论著的出版，对图书馆现时的工作有所裨益、对图书馆馆员知识水平的提高有所帮助。

丘东江

2019 年 7 月于北京东升科技园

序言

2015年的春天，上海浦东图书馆邀请我担任该馆“第一届图书馆理事会”的理事，这是浦东图书馆率先响应国家推行“法人治理”制度的举措。我的出生地在浦东，能够有机会参与自己故乡的图书馆发展，略尽绵薄之力，那是莫大的荣幸，我欣然接受。

我作为一个终身研习及致力于这方面的图书馆馆员而言，深深知道百年前，中国的现代化图书馆刚起步的时候，设立在北京的中华图书馆协会，就曾经提出过图书馆设置理事会的模糊想法。当然现今的浦东图书馆理事会，不但是百年前图书馆前辈们的梦想实践，更是具有法定地位的正式规章。况且法人治理的理念，就是公众治理，是实践社会建设和文化建设的重要举措，真正令人为图书馆事业感到无比的振奋和鼓舞。

在向第一届第一次理事会会议报到的前一天，我遇见了前来迎接我的本书作者王韧同志，这是我们第一次见面。随后，随着每半年一次的理事会，我们都能就图书馆的专业问题交换意见。记得在2015年下半年的理事会空档时间，馆方安排了我向该馆的同人作了一次报告，其中我提出了“图书馆服务就是图书馆的传播工作”的观点。这个观点，引发了王韧副馆长激动的回响与反应，他当场表示一定要研究这个课题。在午休时间，我也很兴奋地把多年来对于“图书馆传播”这个课题的衷情告诉了他。

在随后的两年间，我们多次讨论着图书馆传播的问题。两岸学者在进行现代学术交流时，横在面前的困难度，往往是专业术语用法不同，还有用语的语境有时候也大不相同。

我们二人跨越了学习成长时空背景的不同，也跨越了对于专业术语语境的不同，不断地交流和交换着这个话题，由王韧先生动笔，写了这本取名“图书馆传播理论与实践”的书。

图书馆传播这个课题，长年累月以来，一直在我的脑海中存在。我也一直觉得自己亏欠了这一个课题，没有能够真正地静下心来，对这个课题的发展，做进一步的整体思考与研究。在图书馆及中文信息应用领域，工作了三四十年的我，曾经在 20 世纪 70 年代至 80 年代，在学校讲授“图书馆与大众传播”这门课，有十年之久。当时，世界各地的学校都没有开这门课，现在也很少很少。况且，在四十年前图书馆专业书籍亦很少很少，那时代大众传播还叫作新闻学，教材也是不足的。

图书馆这门学科，在 1975 年开始，也加上了信息科学称号，变成了“图书馆学与信息科学”，有些学校则直接叫作“信息管理”，再细分为图书馆学、情报学等分科，但是都没有发展出太多的新教材。

因此在三十多年前，我讲授“图书馆与大众传播”这门课时，只能靠我自己编写讲义，并且年年翻新讲义，几年下来正当有些心得，也写成一个小册，连出版草稿的样稿，亦准备好的当儿，突然间在 1980 年夏末，获得赴美国学习的机会，只好把这个已经成形的稿本，搁置停留了下来。不想这一停，就停了三十多年。

赴美研习后，我在图书馆学术研究的专业上，情不自禁地被更广大更刺激的“计算机在图书馆的应用”这个大课题吸引着，从机读目录格式开端，到建立在线联机目录取代百余年的图书馆卡片目录等，投身这些图书馆千年一遇的大改变、大改造运动。

接下来二十多年里，一直忙碌于以图书馆服务为着眼点的“中文信息应用”开发，从中文全文数据库的初建，到每隔五年一代又一代的信息及网络服务规划设计；包括从网络前 pre-Internet 的开放获取、进入初期网络、再到信息高速公路的全球信息互联时代。然后，赶上了21 世纪初的初创网络图书馆、多媒体知识管理系统，以及电子书及数字出版系列，都被我碰上了。

坦白地说，在 1990—2010 年的二十多年间，有些信息方面的战场，还是我自己率先创造出来的，包括中文法律全文数据库、中文法律沿革数据库、中文版第一个联机汉字开放获取 Access 信息系统、中英网络图书馆及其服务系统、新闻多媒体知识管理系统、全媒体书目资料库、数字/数据出版及服务系统 EPS 等等。为了使图书馆的工作跟上这个平均五年一番的信息革命风潮，真不知消耗了多少图书馆馆员的青春岁月；图书馆是非营利的事业，跟风潮的原因，只有怕落伍及掉队，或者是怕对不起自己所从事的这个行业，无其他目的；诚如我的老师蒋慰堂先生所说：“图书馆馆员是升不了官，也发不了财的。”就这样，二十多年的青春年华在匆匆中度过了。几度想要集中精神来研究“图书馆传播”这个初始打动我心的课题，几度又停摆了下来，原因之一是我本身在这课题上的“近乡情怯”；我对图书馆传播的感情太深太深了，无论我在学校教学，或是在图书馆工作，或是开发设计信息应用系统，都是以传播科学的观点为基点，为支撑的。

图书馆与传播的结合，成为我的图书馆学思想，或图书馆信息工作的内在神秘力量，这是基于 1977 年和 1978 年连续两年发表了《图书馆传播的理论基础》与《图书馆的知识传播》两篇重点论文。

时光如梭飞逝，往日的图书馆情怀依旧，每每有机会思考，总是会忆起“图书馆传播”。2015 年春天开始，上海浦东图书馆理事会给予我的机会，让我再度回想起这位“好朋友”，常常不由自主地提到它——图书馆传播。这也触动了王韧兄对于思考图书馆传播的神经。

王韧对于图书馆的工作，除了具有高度的热诚外，更有很深刻的研究精神。他在浦东图书馆工作多年，亲身经历了浦东图书馆最近几年飞跃式发展，可谓学历经历两者兼备，又有志于投身图书馆事业的发展。

由王韧主笔的这本“图书馆传播理论与实践”，包括第一章概述、第二章图书馆的传播者和受众、第三章图书馆的传播渠道、第四章图书馆的传播内容和规律、第五章图书馆传播效果评估和第六章未来图书馆的传播。该书整体内容的大框架是一个颇具创意的创新，在第二章到第五章中，提出了相当难得的图书馆传播五方面的理论，并且佐以上海浦东图书馆在实务上的实践经验，使得本书的可阅读性相对提高。

图书馆的传播问题，一直是隐藏性的，撰写本书的目的是要揭开这个问题本身的面纱，更要披露图书馆很多不为大多数人知晓的社会功能，亦即在教育、文化、信息的动态传播功能。尤其是在高速高效的互联网时代，我们人类社会不是不再需要图书馆了，而是更加需要有传播功能的图书馆。

21 世纪今天的图书馆，最需要一批懂得如何传播图书馆价值观的工作人员；而图书馆价值观中，除了要系统化典藏经典外，就是如何实践图书馆的传播功能；从认识知识媒体、运用知识媒体、发挥知识媒体，一直到举办知识活动，记录知识活动，评价知识活动为止。实践图书馆的传播功能，就是另外一种的发挥图书馆的功能，是一种可以跨越时空的服务，既可以跨越白天晚上的 24 小时，亦可以跨越馆内馆外的界线，和读者群众联结在一起，共同促进教育文化的发展，进而将优秀的文化内容，形成国际的共同认识。若能如此，图书馆馆员的工作价值，亦将不可或缺。

本书的社会目的，就是在呼唤大家，包括图书馆工作人员，图书馆学情报学系的同学们、研究生们，以及各界人士对于这个课题“图书馆传播理论与实践”产生兴趣，并进一步共同探讨和研究，发扬光大。

是幸！是幸！

顾敏

自序

《史记》载：孔子适周，将问礼于老子。老子曰："子所言者，其人与骨皆已朽矣，独其言在耳!"若把老子的这段话通俗来讲，那就是：你所说的礼，倡导它的人连骨头都已经腐烂了，只有他的言论还在。图书馆就是一个这样的地方，古人已经不在，但是其话语仍然被记录和保存在此。

《史记》还记载，临别时老子向孔子赠言曰："吾闻富贵者送人以财，仁人者送人以言。吾不能富贵，窃仁人之号，送子以言……"就是说：我听说富贵之人用财物来送人，仁义之人用言语来送人。我不能富贵，只好盗用仁人的名义，用言语来送你。

斯人已逝，老子的智慧之言，已经固化在书籍中传承至现在；孔子删定六经，作为中华文明的元典，传承两千余年而不绝。而今，图书馆不仅是人类文化的保存地，也应该是人类思想的传播者，这是图书馆的价值所在，使命所在。所以，图书馆人需要做好传播工作，通过传播，让当今的人们吸取经验少走过去的弯路，让人更加智慧地面对生活。

传播活动是图书馆工作和服务的外化形式，它贯穿于塑造图书馆形象的整个过程，图书馆形象也正是在传播活动中确立成型和固化下来的。所以说，公共图书馆形象的塑造作为人类社会活动的一种，实质上也反映了传播的本质。

在公众的固有印象和记忆中，图书馆或许还是他们早年去的小学中学的学校阅览室：破旧不堪，馆员态度不冷不热，资料不新不全，阅读环境一般……一些人考上大学了，踏入工作之门后，忙于生计，忙于生活，很多人已经淡忘了图书馆这一社会教育机构概念，偶尔想起，估计也是觉得还是老样子吧。

其实，公众想的没错，的确如此。即使在今天，很多图书馆在信息化巨变面前，在已经进入追求更加美好的生活时代的面前，怠于去改变自己，也缺少手段去传播自己从而让公众知晓。

事实是，经过这么多年的发展，公共图书馆本身也在进行着巨大的变革，特别是信息化建设和阅读活动的推广，使得很多图书馆从理念、馆舍到内容功能都有极大的拓展和延伸。很多公共图书馆已经从社会生活的阅读和信息中心这一单一功能变成文化中心、社会教育中心、艺术中心以及交流休闲中心等，早已超越文献借阅的单一性服务。特别在信息资源全面走向数字化的时代，一部分图书馆开始走向科学数据服务、知识发现服务、支持基于能力的学习服务、创新空间服务等发展方向。

但是，图书馆的这一转变，并不一定为公众所知。所以图书馆要做好传播工作，把自己推进全民阅读、开展社会教育、知识服务、塑造社会文明的理念和做法告诉受众，让图书馆走进更多市民的视野。

从我自身来说，到浦东图书馆工作之前，已经在政府机关工作十余年之久，那时的我估计和很多人认为的一样，即图书馆就是文献“借借还还”的地方。

现在，不知不觉在浦东图书馆工作已经有六年了。这六年的心路历程，也经历了奇妙的变化——我逐渐爱上这个职业和工作的同时，发现太多人不了解公共图书馆的变化了。这也是我写这本书的初衷。

想起来到浦东图书馆的第一年，我就发现，这里还是有很多不一样的地方。在工作之余慢慢感受其宁静之美，由静生悟，发现这是一处等待灵魂的地方——远离喧嚣、贴近内心世界、贴近学术研究、贴近人文艺术、贴近自然之美的好地方。

到了2016年，我开始分管图书馆基础服务（少儿馆、专题部、读者服务部）和信息化等一线部门的工作。这给了我进一步了解图书馆具体业务的机会——如何与读者打交道，如何阅读推广，如何理解图书馆的价值，如何通过业务树立和提升馆员的自信心和成就感，如何带领部门发展，如何建设地方文献，如何提升信息化水平等等。

所以，古人讲得真好，格物致知，没有格物谈何致知？一旦格物，就会发现，这项工作很有意义，因为我们是为了一项公众文化事业而努力研究。图书馆随着时代的洪流在奔涌向前，不仅需要图书馆专业的素养专才，当下更需要从文化综合体的视角来看待，从受众的需求来看待，从数字阅读的视角来看待。所以，有时要跳出图书馆看图书馆，才符合辩证法。

本文力求梳理一下图书馆传播的目的：图书馆的当务之急，就是更有效地传播图书馆，传播图书馆散发出的思想之光、宁静之美、活动之乐，传播图书馆阅读的经典力量、科技体验，让社会了解图书馆，让更多人走进图书馆、喜欢阅读，从而对文明塑造、对社会价值起到一定程度的引领作用。

本文就此命题提出如下观点：

一、事实层面，即图书馆传播的目的，是提高图书馆的知晓度，构建积极友好的读者关系，吸引人们走进图书馆，让图书馆成为人们生活中精神需要不可缺少的部分。这是基于效益以及公共图书馆的基础体制的简单的逻辑推理。在我们的社会生活中，公共图书馆还远没有达到家喻户晓的程度。但公共图书馆的体制要求它应该是一个能够让所有人受益的机构。虽然是否“受益”是一个需要人们主动选择的过程，但图书馆有义务把图书馆的存在及其意义告知民众。尤其是在中国，图书馆还没有延伸到所有的人群聚居地，对于并不出现在身边的事物，相当多的人有陌生感，不知道自己生活的城市有图书馆的人不在少数。图书馆是干什么的？谁可以利用它？在图书馆可以做什么和得到什么？这是和“知晓”与“吸引力”都有关的问题，图书馆传播需要在这些内容上履行告知的义务，让民众了解自己的权利并成为图书馆的读者。

二、价值层面，即传播图书馆实现对社会的价值引领。公共图书馆对社会既要有满足适应社会需求的基本功能，又要有刷新传统、转移风气的文化引领。在数字化阅读的今天，有人质问图书馆为何得以继续存在？哈佛大学校长说：“即使未来的某一天，如今的技术成为历史，人们仍然会读莎士比亚和马尔克斯，人们仍然会听莫扎特、鲍勃·迪伦和来自我家乡底特律的已故音乐家艾瑞莎·富兰克林；人们还是会思考几千年来激发哲学家和诗人灵感的诸多问题。因为我们的艺术、文学、音乐和建筑都是人类历史文化中最持久的文物。”文化文明主要是一种自觉行为。费孝通先生对“文化自觉”的解释是：生活在一定文化中的人，对其文化要有自知之明，明白它的来历、形成过程、所具有的特色和它的发展趋向，自知之明是为了加强对文化转型的自主能力，取得适应新环境、新时代文化选择的自主地位。我们理解，费孝通先生讲的“文化自觉”是一种精神自觉。人的社会化是接受文化培育和熏陶的过程，而文化的核心则是观念形态的精神。“文化自觉”不是每个人想自觉就能自觉的。自知之明来自自知，“文化自觉”是文化的自我觉醒，自我反省，自我创建。“文化自觉”是需要包括公共图书馆在内的文化机构引领的，否则无法实现自觉。在文化文明的进程中，公共图书馆不仅承担了保障公民基本文化权利、保障社会信息公平等社会职责，更要用人文精神来提高大众文化的品质，引领大众文化的走向，帮助大众实现“文化自觉”。这是公共图书馆天然的文化使命与历史担当！

两千年前，《道德经》里有句名言：天地之间，其犹橐龠乎？虚而不屈，动而愈出。就是说，天地之间像个风箱，它空虚而不枯竭，越鼓动风就越多，生生不息。王羲之在《兰亭集序》中也说：仰观宇宙之大，俯察品类之盛，所以游目骋怀，足以极视听之娱，信可乐也。我们人类是有极大的包容之心的，可以仰首观览到宇宙的浩大，俯瞰观察大地上众多的万物，用来舒展眼力，开阔胸怀，足够来极尽视听的欢娱，实在很快乐。我们人类的心胸和眼界可以如此包容，我们可以过上有智慧的生活，这都需要我们图书馆大力传播其承载的文化力量，方能让我们自由如此。

是为序。

王轫

本文即将写完的时候，我意识到，这里所说的一切传播也仅仅只是“术”的层面而已。

格物致知。只有沉下心来，以“十年磨一剑”的决心去深入实践中研究图书馆，才能知道图书馆是什么，才有可能认同图书馆的价值观，爱上图书馆，从而自觉地传播图书馆。

也许，这才是图书馆传播的“道”吧。

——作者

目录
Contents

001 第一章 概述
002 第一节 传播的概念
002 一、传播的定义和要素
004 二、传播的目的是构建关系
007 三、公众舆论及传播的5W模式
011 第二节 图书馆传播
011 一、图书馆是什么
016 二、图书馆传播价值
020 三、图书馆传播的要素和特点
024 四、图书馆传播的不足和误区
033 五、图书馆传播与大众传播、宣传、推广
036 第三节 国际上对图书馆传播的重视
037 一、图书馆营销和企业形象识别系统
040 二、美国公共图书馆的传播
042 三、新加坡图书馆的传播
047 四、国际图联对传播的重视

052 第二章 图书馆的传播者和受众
053 第一节 图书馆的传播者
053 一、馆长是传播的首席专家
055 二、馆员是全过程传播的策划者和实施者
058 三、读者是图书馆的传播者
065 四、各类社会组织是图书馆的传播者
066 第二节 图书馆传播受众
067 一、受众是谁
068 二、图书馆传播受众的心理与分类
071 三、图书馆传播就是构建与读者的关系
075 四、图书馆传播要“眼睛向下、向外、向未来”
080 第三节 图书馆舆情引发的传播及应对
081 一、舆情应对是图书馆传播的有机组成部分
082 二、舆情构成的环境、要素与规律
084 三、公共图书馆舆情类型和应对原则
086 四、图书馆舆情应对的传播策略

089 第三章 图书馆的传播渠道
089 第一节 媒体和宣传
090 一、传统传播渠道
093 二、新媒体传播
098 三、图书馆业界间传播

099 四、二次传播、再次传播和嵌入式传播
101 **第二节 阅读和推广**
102 一、阅读推广活动与传播的关系
103 二、阅读推广活动中的策划
104 三、阅读推广活动策划基本步骤
106 **第三节 建筑和空间**
106 一、建筑和空间是传播的“物质”基础
108 二、建筑和空间设计传播出图书馆的价值理念
111 三、建筑和空间设计传播出图书馆的功能
114 四、在接待参观中做好建筑与空间的传播
116 **第四节 文献资源揭示与传播**
117 一、提供文献信息资源仍是图书馆的基础服务
119 二、凸显新书推荐布局
119 三、时事热点及时推送
119 四、不定期更换文献位置
120 **第五节 策划事件引导传播:以浦东图书馆奇妙夜为例**
120 一、策划背景和经过
123 二、微信报名及活动传播
125 三、活动的成功和启示

129 第四章 图书馆的传播内容和规律
129 **第一节 理念、形象和服务传播**
130 一、理念传播:图书馆应该有何种价值追求
134 二、形象传播:图书馆和馆员应该树立何种形象

136 三、服务传播:高质量服务才能影响人
138 **第二节 信息与知识传播**
138 一、信息与知识传播的第一阶段:藏书楼
139 二、信息与知识传播的第二阶段:公共图书馆
140 三、信息与知识传播的第三阶段:数字图书馆
145 **第三节 功能拓展传播**
146 一、成为阅读与思想的中心
148 二、成为文化与艺术中心
150 三、成为社会教育中心
152 四、成为科普体验中心
154 **第四节 图书馆传播七规律**
154 一、认同:馆员理解和认同图书馆是传播的基础
155 二、系列:坚持节点化、课程化、系列化传播
157 三、品牌:建立品牌带动图书馆传播
159 四、专业:以学术专业影响力引导传播
160 五、范式:形成范式激励传播
162 六、合作:建构良性的读者关系和社会关系
164 七、品质:高质量服务是传播的核心

167 第五章 图书馆传播效果评估
168 **第一节 图书馆传播效果评估特点及因素分析**
168 一、图书馆传播评估特点
170 二、图书馆传播效果评估因素分析
171 **第二节 图书馆传播评估**

171 一、美国:图书馆传播评估的实践
172 二、立法:公众参与制度倒逼图书馆开展传播
173 三、考核:评估定级中明确将传播作为考核内容
174 四、受众:传播评估的最直接评判者

182 第六章 未来图书馆的传播
183 **第一节 未来图书馆的发展态势**
183 一、未来图书馆将在很多方面重新定义
188 二、不是不要图书馆,而是需要建设更多、更精美的图书馆
190 三、知识管理时代呼唤更专业的图书馆馆员
193 **第二节 未来图书馆传播特点**
193 一、从"馆藏内容"为中心到"高质量服务"为中心
197 二、从学习为中心到公共交流空间价值的凸显
200 三、从纸质阅读为主到纸质数字阅读并重
204 四、从图书馆"单干"到全面开展社会合作

206 后记:传播三问

210 参考文献

一个人必须知道该说什么，一个人必须知道什么时候说，一个人必须知道对谁说，一个人必须知道怎么说。——现代管理之父彼得·德鲁克

第一章
概述

“传播”是人类社会的基本活动之一，在人类社会的发展中具有重要的意义。传播是人类确立自我意识、社会活动得以建立共同的行动范式，具有共享的文化意义的前提，是人类历史文化赖以建立、生成和延续的基础。在大众心目中，提及传播就可能想到大众传媒。其实，大众传媒只是传播的一种类型，其他传播类型包括：内向传播、人际传播、组织传播、网络传播等。这里会区分几个容易混淆的概念：宣传、阅读推广、营销、传播等。就公共图书馆而言，图书馆宣传是单向度的，是我说你听；图书馆营销更多是按“顾客”的需求来做，一个主动，一个被动，作用和地位就发生了转换，从这个意义上说，营销更符

合传播的内涵，但是国内一般不这样表达。而图书馆传播是把图书馆中一切信息传播现象都作为自己的研究对象，传播学能够从更高的层次、更广的视野来揭示一般信息传播的本质和规律，从而可以更正确地指导包括宣传活动在内的一切传播活动。图书馆阅读推广更侧重于内容传播。实际上，公众对信息的需求不是一件简单的事，这就需要研究一下图书馆传播。

第一节　传播的概念

传播是指社会信息的传递或社会信息系统的运行。信息是传播的内容。传播的根本目的是传递信息，是人与自我、人与人、人与社会之间，通过有意义的符号进行信息传递、信息接收或信息反馈活动的总称。

一、传播的定义和要素

作为人类活动的传播，可谓是丰富多彩。就传播现象而言，传播活动是人们相互沟通、传达指令、享受娱乐、展开讨论、获取信息的日常行为。传播，是人类社会构建意义的基本活动和过程，是人与人之间信息的传递与分享。

在中国古代典籍中，与“传播”相近的词有“传”“播”“布”“流”“宣”“扬”等。通常“传”是纵横地传播，“播”是广泛地传播，“布”是伸展地传播，“流”是连续地传播，“宣”是庄重地传播，“扬”是宏大地传播。

“传播”一词是从英语 Communication 翻译来的。该词的本义具有通讯、传达、交流、沟通及交通等含义。传播由传播者、信息、编码、传播媒介、译码、受传者、反馈七个环节组成。传播在英文中的众多含义中，最和公共图书馆读者服务直接有关的一个定义便是“信息分享和流动”，这在英语中叫 diffusion，diffusion 是指文化在不同区域间的流动，因为信息并不等同于文化。借书还书是信息分享，参考工作是信息分享，文艺展览也是信息分享，就连图书馆的建筑和空间，在我看来也是无声的分享，让读者分享一种美好与舒适，这都是图书馆进行传播的内容或形式。

1976 年，美国传播学者丹斯（Frank Dance）在《人类传播功能》一书中对传播的定义做过统计，结果有 126 个各不相同的定义。学者们从各自的学术角度出发，对“传播”进行了不同角度的定义，可以简单地分为以下三种类型：

（1）强调传播是一种信息的共享活动。例如，施拉姆（Wilbur Schramm）、丹尼斯·麦奎尔（Denis McQuail）等人的观点大抵属于这一类型。他们认为，“人们通过传播来共同享有一则信息、一种思想或状态，其目的在于建立彼此之间认知的共同性”。但是，现实生活中，传播并不一定意味着共享的发生。例如，当一个人自言自语的时候，其本人根本就没有与人分享信息的打算。

（2）认为传播活动本身就是一种说服活动，其目的在于向受传者施加影响。卡尔·霍夫兰（Carl Hovland）、沃伦·韦弗（Warren Weaver）等一大批美国社会学家、社会心理学家、传播学者是这种观念的捍卫者。

（3）将传播视为一个信息传递的过程，在这个过程中，传授者之间相互交流，信息自由流动。郭庆光、邵培仁、张国良和李正良等我国大部分学者持此种观点。虽然这种定义更加接近传播学研究的对象，但是其这般定义也未免有些狭窄。

传播的要素有哪些呢？

要把握传播的过程，必须知道传播有哪些要素。从传播过程来看，主要有五个：

（1）传播者。传播者是话语权的获得者，也是传播过程中信息的主动发出者，也称传播主体。

（2）受众。是信息的接收者和反应者，是传播者的作用对象。受众可以是个人，也可以是组织。我们在后面的章节中会讲到，政府、企业、图书馆学会等都是受众。传播者和受众之间不是信息互相排斥的关系，而是共享信息的关系。

（3）信息。信息泛指人类一切的传播内容。在图书馆信息传播中，图书文献是信息，阅读推广活动是信息，图书馆的建筑和空间也是信息，都可以传播。

（4）媒介。媒介又称传播渠道，自古及今的烽火、石刻、泥板、书籍和网络，都是渠道。

（5）反馈。即是传播效果。

二、传播的目的是构建关系

1. 传播的本质和目的

传播的本质是传者与受众对话，是传播者希望受众发生相应的变化。不论是传播信息还是接受信息，每一个参与活动人，都是有意图、有目的和有自觉动机的。只要人在传播中发生了相应的变化，那么至少可以说明三点：传者送出了信息，受者收到了信息，并且产生了传播效果。这种“相应的变化”不专指态度与行为的变化，还包括情报资料的获得、知识的增加、见闻的扩大、感情的沟通、精神的愉悦、情况的了解等。

受众这种变化也可以理解为是沟通的过程和结果。沟通的本质是：通过听、说、读、写等思维的载体，通过演讲、会见、对话、讨论和信件等方式准确、恰当地表达出来，以促使对方接受。达成有效沟通须具备两个必要条件：首先，信息发送者清晰地表达信息的内涵，以便信息接收者能确切理解；其次，信息发送者重视信息接收者的反应并根据其反应及时修正信息的传递，免除不必要的误解。两者缺一不可。

现代管理大师彼得·德鲁克（Peter F. Drucker）曾说：管理的本质是沟通。其实，传播的本质也是沟通。以图书馆传播为例，传播的目的无非是图书馆希望与读者建立良好的关系，建立一种信任和尊重的关系，这就是传播的目的。

我们常说，现代人不仅要会做事，而且要善于展示和表达。图书馆也一样，图书馆管理者不但要会做，而且还要会说。但是一个想表达的图书馆，不一定在与读者沟通的时候，会表达得恰到好处。这就需要注意表达的技巧。比如，图书馆馆员要避免消极评价，如指责、拒绝……多用积极评价，如真诚赞美、鼓励……

以真诚的心表达内心的感受，是进行良好的、有效的沟通的超级原则。沟通时焦点不要放在别人的错误上，而要放在自己的感受上。图书馆馆员和管理者如果喜欢批评犯错的读者，这是不可取的。

2. 传播的种类

（1）自我传播：自我传播又称“内向传播”，是人际传播现象的一种，即个人自己向自己发出信息，并由自己接收和处理信息的过程。

自我传播的传播者和受传者都是同一个人，二者集于一身，这种传播通常不使用传播媒介。一个人对社会上或家庭里所发生的某一事件、某一现象或某一问题进行的观察和思索，就是自我传播的信息源。对所观察事件做出的分析和判断，就是通过大脑接收和处理信息的阶段。信息处理的结果表现在行动上，对所观察和思索的问题或表示赞同，或表示反对，或找到了对策。

自我传播与其他人际传播形式的主要不同点在于，自我传播过程实际上是一个人的思维过程，认识外界事物的过程。因此，这类传播现象在日常生活和工作中是经常发生的。文学作品中也不乏这类现象的描写，如自言自语，暗自下定决心，自忖等。在图书馆，自我传播就是读者接受文献信息和阅读理解的过程。

自我传播是其他传播方式的基础。自我传播以思考为核心，是人体内的信息处理过程，其他任何传播所传递的信息在经由个体感觉器官进入大脑后的一切流动，包括选择、解码、判断、决定和编码等思考的过程都属于自我传播的范畴。自我传播构成一切外向型（人际、组织、大众）传播的前提和基础。

（2）人际传播：人际传播是人与人之间直接的交谈传播活动，人们之间的交流、会议、讲课等活动都属于此。人际传播的特点有：对象明确，有限人际传播中，传播对象的身份或某项特征是传播者知晓、明确的；近距离直接传播除少数情况外，人际传播都是传受双方处于同一空间、面对面的直接交流，距离从几厘米到数米；简便易行，使用广泛、频繁。很多图书馆开展的“读书会”都是属于这种。

（3）大众传播：大众传播是职业传播者借助一定的传播媒介，定期公开向广大社会公众提供各类信息的活动。它的特点是：受者广泛、分散；传播者职业化；借助人工媒介；内容丰富，形式多样。

（4）网络传播：网络传播是以计算机通信网络为基础，进行信息传递、交流和利用，从而达到其社会文化传播目的的传播形式。网络传播融合了大众传播（单向）和人际传播（双向）的信息传播特征，在总体上形成一种散布型网状传播结构，在这种传播结构中，任何一个网络都能够生产、发布信息。

三、公众舆论及传播的 5W 模式

传播不是简单的信息传递，而是传播者希望发生某些变化，这一点前文已经陈述。进一步讲，传播者希望发生某些变化，首先是为了引发公众舆论的关注，例如，一个公共图书馆传播，就是希望自己的工作得到更多人的知晓和认可，希望更多的读者走进图书馆，从而实现传播者的目的。

1. 公众舆论

李普曼是传播学史上具有重要影响的学者之一，在宣传分析和舆论研究方面享有很高的声誉。这位世界上有名的政治专栏作家在其 1922 年的著作《公众舆论》中，开创了今天被称为议程设置的早期思想，此书被公认为是传播学领域的奠基之作。我们先来看看公众舆论，从而进一步认识传播。

美国新闻评论家和作家，传播学史上具有重要影响的学者之一，奥尔特·李普曼（Walter Lippmann）及《公众舆论》。作为一部传播学经典著作，该书第一次对公众舆论做了全景式的描述，让读者能细细地体会到舆论现象的种种内在与外在联系。此书自 1922 年问世以来，已经被翻译成几十种文字，至今仍然保持着这个领域中的权威地位。

李普曼的《公众舆论》影响力经久不衰的奥秘在于，该书对舆论研究中一系列难以回避的问题做了卓有成效的梳理，如舆论从哪里来和怎么样形成的？它能造成什么样的结果？谁是公众？公众舆论是什么意思？它什么时候才能成为独立的力量？

李普曼很早就注意到了大众传播对社会的巨大影响，因此，在《公众舆论》和《自由与新闻》等著作中，他不仅对新闻的性质及其选择过程进行了深刻的分析，而且提出了两个重要的概念，一个是“拟态环境”；另一个就是“刻板成见”。李普曼认为，现代社会越来越巨大化和复杂化，人们由于实际活动的范围、精力和注意力有限，不可能对与他们有关的整个外部环境和众多的事情都保持经验性接触，对超出自己亲身感知以外的事物，人们只能通过各种“新闻供给机构”去了解认知。这样，人的行为已经不再是对客观环境及其变化的反应，而成了对新闻机构提示的某种“拟态环境”的反应。通常人们意识不到这一点，而往往把“拟态环境”作为客观环境本身来看待。我们在日常生活中见到的“狂轰滥炸”的商业广告，就属于这一种。

而“刻板成见”指的是人们对特定的事物所持有的固定化、简单化的观念和印象，它通常伴随着对该事物的价值评价和好恶的感情。刻板成见可以为人们认识事物提供简便的参考标准，但也阻碍着对新事物的接受。个人有个人的刻板成见，一个社会也有其社会成员广泛接受的和普遍通行的刻板成见，因而它也起着社会的控制作用。李普曼特别强调大众传播的力量，认为大众传播不仅是“拟态环境”的主要营造者，而且在形成、维护和改变一个社会的刻板成见方面也拥有强大的影响力。

李普曼的观点告诉我们：对超出自己亲身感知以外的事物，人们只能通过各种“新闻供给机构”去了解认知。现代化的图书馆如果不通过各种手段传播自己的理念和活动，传播自己的做法和思想，就不会被大众所知，甚至在大众中继续形成“借借还还”的“刻板成见”。

2. 传播的模式

模式（model），是对某一事项或实体进行的一种直观的简洁的描述。传播模式是指研究传播过程、性质、效果的公式。一方面，模式能为各种不同的特殊状态提供一个一般的图景；另一方面，模式具有解释的功能，它能用间接的方式提供如果改用其他方法则可能相当复杂或含糊的信息。

我们简单论述两种主要的传播模式。

美国社会学家、心理学家和传播学者哈罗德·拉斯韦尔（Harold Lasswell）的《社会传播的结构与功能》，也称单向传播模式。我们许多人知道他，大多是从其著名的5W传播模式开始的。在《社会传播的结构与功能》中，拉斯韦尔对社会传播的过程、结构及其功能，做了一个较为全面的论述，并清晰地阐释了5W传播模式以及大众传播三功能说（见图1-1）。

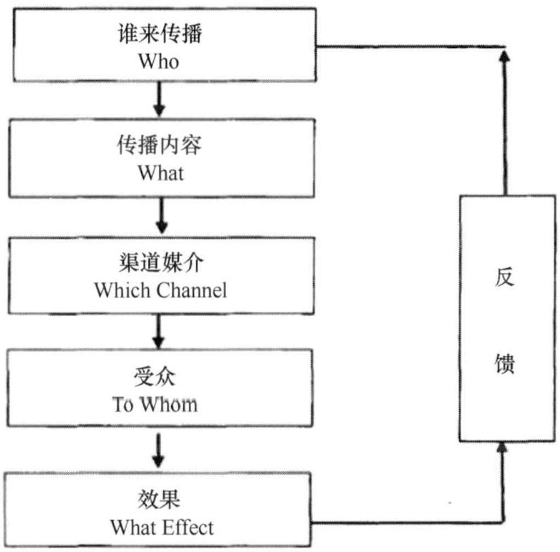

图1-1 拉斯韦尔5W模式

1948年，拉斯韦尔发表了《社会传播的结构与功能》一文。论文一问世便受到了广泛的赞誉，成为早期传播学研究的经典成果之一。至今，学界仍给予它极高的评价，认为它是一部纲领性的力作，一部传播学的独立宣言。甚至认为，所有的传播学研究都仿佛是对拉斯韦尔这一论文的注释，因为它涉及了传播学中的许多基本内容。总体看来，这篇论文的意义主要体现在两大方面：一是从内部结构上，分析了传播过程中的诸要素；二是从外部功能上，概括了传播活动的社会作用。

在这篇文章中，拉斯韦尔明确提出了传播过程及其五个基本构成要素，即：即谁来传播（who）、传播内容（what）、渠道媒介（which channel）、受众（to whom）、效果（what effect），这就是著名的拉斯韦尔5W模式，这个模式简明而清晰，是传播过程模式中的经典。后来的很多学者都对此进行过各种修订、补充和发展，但大都保留了它的本质特点。这一模式还奠定了传播学研究的五大基本内容，即"控制分析""内容分析""媒介分析""受众分析"以及"效果分析"，这五种分析涵盖了传播研究的主要领域。另外，它还导致了传播学对于确定效果的重视。

1954年，美国传播学者施拉姆（Wilbur Schramm）受心理学家奥斯古德（Charles Osgood）观点的启发，在《传播是怎样运行的》一文中针对一般人际传播现象提出了传播的双向"循环模式"。

该模式认为在传播过程的循环中，传播者和受传者没有主客之分，并且强调了传受双方对信息的编码、释码及译码处理，从而突出了传播的互动性。该模式将人际传播中交流双方"点"对"点"的瞬间思维特征展现了出来，但无法显示交流双方在交流中的情境，包括双方的社会地位。

后来随着网络的发展，出现了互动型或者说网络化的传播模式，强调互动的重要性，但基础源于上述两种传播模式，这里就不再重点说明。从以上传播学的代表人物表述，我们看到，在图书馆传播的过程中，也需要按照一定的模式和规律开展传播，要不然就是盲人摸象，夜路骑马了。公共图书馆如何传播，我们会在接下来的章节中进一步描述。

第二节 图书馆传播

我们前面讲了这么多传播，无非是告诉大家，传播是人类社会关系内部社会成员交换信息相互作用的过程。我们还说了公众受舆论的影响很大。图书馆要善于传播知识，传播价值，多与读者沟通交流，让更多人走进图书馆，走进知识和阅读的世界。

一、图书馆是什么

图书馆“是什么”，是一个很大很具张力的课题，现在还不能有一个完整的定义可以概括，因为它总是在发展与变化之中。从类别来说，现在很多行业系统都有自己的图书馆，如文化系统的公共图书馆包括国家图书馆；省、自治区、直辖市图书馆；区（市）、县图书馆及文化馆图书室；儿童图书馆；乡镇街道图书室等。教育系统的学校图书馆包括高等学校、专科学校图书馆；中小学图书馆（室）等。科学院系统图书馆及科研机构图书馆包括科学院及其分院图书馆；政府部门、各部所属研究机构的专业图书馆；机关团体图书馆（室）等。工会系统的工会图书馆包括厂矿、企业等所属工会图书馆（室）等。

《中华人民共和国公共图书馆法》（以下简称《公共图书馆法》）第二条指出，本法所称公共图书馆，是指以提供阅读服务为主要目的，收集、整理、保存、研究和传播文献信息，向公众开放，并经依法登记的非营利组织，包括由政府设立的公共图书馆和由公民、法人或其他组织设立的图书馆。这里阅读服务为目的，就指出了图书馆传播知识的责任。

其实，国际图联发布的《公共图书馆宣言》（Public Library Manifesto）提到的公共图书馆使命中，也提到传播知识这个问题，而且与文化和教育相关的使命最多，这包括：

——激发儿童与青年的想象力和创造力；

——提高对文化遗产的认识，对艺术的鉴赏力以及对科学成就与发明的了解；

——提供通过各种表演艺术来表现文化的途径；

——促进文化间对话和文化多样性；

——发扬口述传统。

与公共文化服务体系中的其他机构相比，公共图书馆提供的文化产品和服务可谓通古今、贯中西，涉纸质、电子、跨文字声像，是一个极具包容性和多元性的文化大舞台。这一优势使公共图书馆在不少国家都成为利用率最高的文化设施。英国历年的社会趋势调研都显示，访问公共图书馆是当地人最普遍的休闲方式之一。英国一家独立的文化咨询与研究公司曾这样评论公共图书馆的文化功能：鉴于公共图书馆所从事的大量丰富多彩的活动，它们理应被政府视作实现其文化绿皮书《未来十年》提出的文化目标的基本工具。

权威机构对此也有很多版本的表述，1994 年国际图书馆协会联合会（IFLA）和联合国教科文组织（UNESCO）发布的《公共图书馆宣言》中明确指出：公共图书馆是传播教育、文化和信息的一支有生力量，是促使人们寻找和平和精神幸福的基本资源（见表 1-1）。

请注意：这里使用了“传播”一词。

表 1-1 《公共图书馆宣言》所传达的公共图书馆社会角色与功能

社会角色与功能	1949 年版	1972 年版	1994 年版
社会教育	√	√	√
民主机构	√		
维护世界和平	√		
免费提供文献的利用	√	√	√
阅读推广	√		√
保障自然表达的权利	√		√
保障平等利用信息的权利	√	√	√
保障平等的个人发展机会			√
社会教化		√	
文化功能	√	√	√
文化中心		√	√
保障文化的多元性			√
保存文献	√	√	√
资讯中心		√	√
休闲娱乐		√	

图书馆是一种遍及全世界的文化机构，存在于不同的社会和文化之中，并且处于不同的发展阶段。在目前为数众多的公共图书馆政策文件中，《公共图书馆宣言》可以说是最早的国际性公共图书馆政策文件。初版《公共图书馆：民众教育的生力军》（The Public Library：A Living Force for Popular Education）颁布于 1949 年，其后分别于 1972 年和 1994 年进行修订，并从 1972 年版开始定名为《公共图书馆宣言》。三个版本的《公共图书馆宣言》都不仅从基本立场、价值取向和具体功能的

陈述方面传达了国际社会对公共图书馆赋予的社会角色，同时还对公共图书馆的社会角色加以明确定位。作为一份纲领性和指导性的文件，《公共图书馆宣言》被全世界各国图书馆界广泛接受和认可。研究发现不同历史阶段公共图书馆被赋予的社会角色与功能有所差异，但是社会教育、免费提供文献利用、保障平等利用信息的权利、文化功能以及保存文献的功能始终是不变的核心社会角色。

2001 年，联合国教科文组织和国际图联再次合作制定了《公共图书馆服务发展指南》（Public Library Service Guidelines for Development），进一步明确公共图书馆是由社区，如地方、地区或国家政府，或者一些其他社区组织支持和资助的机构。它通过提供一系列资源和服务来满足人们对知识和信息及形象思维作品的需求，社区所有成员都有享受其服务的权利，而不受种族、国籍、年龄、性别、宗教信仰、语言、能力、经济和就业状况以及教育程度的限制。

从我们国家来讲，图书馆还具有引领社会文化的功能，这是我们国家的社会制度、历史传统等所决定的。公共图书馆既要满足社会对它的基本公共文化需求，也要继承传统、从文化上引领社会风气。有人说，中华人民共和国成立后的前三十年，我们大致解决了公正问题，而后三十年大致解决了温饱问题。那么，今后的三十年，必须解决文化问题。在文化引领的过程中，公共图书馆不仅承担了保障公民基本文化权利、社会信息平等社会责任，更要用人文精神引领大众文化走向文化自觉。

图书馆提供的是信息和知识的多元服务。就像商场提供的是综合产品服务、电影院提供的是各类电影一样，图书馆也希望这里是集中了文化的、教育的、休闲的综合性知识场所。目前来看，一些图书馆正在朝着“多馆合一”（博物馆、文化馆、艺术馆、音乐馆等）的趋势发展。例如，在成都市九兴大道 11 号的武侯区文化综合馆大楼，它外观低调，但其内部功能却很强大，它将武侯区的文化馆、图书馆、档案馆、规划馆、方志馆五馆合一，文化设施一应俱全。这座大楼自运行以来，给市民阅读带来了极大方便，深受市民好评。图书馆是什么，具体来说：

第一，图书馆是个向公众提供文献信息资源的场所。顾名思义，图书馆就是藏书之地，离开了书，就将成为无本之木，无源之水。图书馆包括文献信息资源、读者、馆员、技术设备、建筑实物等基本要素，这些要素有机结合为一体，相互依存、相互促进。其中最重要的要素是馆员，因为他们是图书馆的管理者和组织者，这些要素联合在一起，成为一个向公众提供图书信息资源的场所。

第二，图书馆是个公共文化活动和思想交流的空间。作为政府投资的公共文化项目，图书馆一般低门槛设置，努力让读者无障碍地使用，不论是富是贫，来自哪里，不分宗教民族，都向他们开放。浦东图书馆有 1 万平方米可举办讲座、展览及文化活动的空间，余秋雨、葛剑雄、周国平和鲍鹏山等众多名人先后前来“浦东文化讲坛”演讲，举办各类的“人文艺术展”，开展盲人读书会、电脑培训班等帮助残障人士融入社会，开设“故事妈妈讲故事”等读者领衔的读书沙龙，做好为新区政府机关等提供内参及定题服务，还建设了 186 个延伸服务点为外来建设者提供阅读服务……这些充满弹性和张力的活动，为读者提供了文化交流与互动的空间。

第三，图书馆是个学术和思想机构。许多人对图书馆的理解过于狭隘，总觉得它是个服务机构。其实不然，借还书只是图书馆活动的一种现象，在这种现象的背后，隐藏着图书馆活动的本质，那就是其学术性。因为任何科学研究工作都必须借助于图书馆文献资料所记载的知识和经验，而图书馆正是为科学研究搜集、整理、提供文献信息资源的社会机构。其次，图书馆工作本身就是学术活动，比如，文献分类、文献编目、参考咨询和文献数字化等，都是学术性很强的工作。

第四，图书馆是增进包容、创新创造的地方。当今整个社会正在向信息化网络化发展，网络的本质是更快地链接和互动，所以图书馆也要加速和读者以及文献的链接，图书馆要从知识中介到知识共享转变，从知识拥有到知识创造转变，从知识个体户到知识社交转变，从知识普及到促进人的专业发展和精神自由解放转变，从人狭隘的思想到包容博大的包容性转变。

一句话概括：图书馆就是一个乐生活、提认知、增包容、得解放、促创新的文化乐园。

二、图书馆传播价值

我国目前所说的“公共文化服务”是一种保障社会成员获得基本文化产品和服务的“公共品”。目前被纳入这一体系的文化设施包括图书馆、博物馆、文化馆、美术馆、电台、电视台、广播电视发射转播台(站)、互联网公共信息服务点。作为公共文化体系的重要组成部分，图书馆为何得以存在？或者说，它存在的价值是什么？它和文化馆的区别何在？

图书馆传播的是一种启迪个人思维、培育独立思想的文化服务。美国图书馆学家谢拉（J. H. Shera）在谈到公共图书馆的这一特点时曾将它与大众传媒相比，称前者是社会和谐的力量，而后者是社会同化的力量。大众传媒、报纸、广播、电视是雄辩说服型的；而图书馆却是引发探询型的。

图书馆界是如何定义图书馆的价值的呢？阿根廷作家豪尔赫·路易斯·博尔赫斯（Jorge Luis Borges）也是该国图书馆馆长，他有一句名言，也是从另一个视角对图书馆进行定义：天堂是人类精神的神圣集聚地，假如有天堂的话，天堂应该是图书馆的模样。从这句话我们看到，图书馆不仅仅是有许许多多的书籍，而且是承载着集聚人类知识和文明的价值之地。

现代图书馆学的泰斗——阮冈纳赞（Ranganathan）认为，图书馆是一个成长的有机体。这个公认的图书馆法则，其意义有两个：一是就图书馆的管理者而言，应将图书馆的资料保持在一个活性的状态，避免让资料文献成为一潭死水，努力做到每件资料都有人用；第二个是就读者而言，应该把图书馆当成各种滋养生活和心灵的源泉地，凡是大小问题，都可以去图书馆寻找，并得到满意的回答，这就是图书馆存在的目的。

不论是阮冈纳赞还是博尔赫斯，都强调了一点，那就是应该把图书馆当成一种滋养生活和心灵的源泉地，这就是图书馆的存在价值，这种价值需要图书馆人不断创新发展，并且作为始终如一的使命，这与《公共图书馆宣言》提及的“图书馆是促使人们寻找和平和精神幸福的基本资源”具有内在一致性。

图书馆必须在社会的对立、分化、冲突中发挥促进理解、促进凝聚的作用，而不是成为一种同化力量。

图书馆除了直接承担文化传播使命，还同时承担教育、信息保障、培养阅读兴趣等使命。从文化使命的角度来看，这些使命对文化使命具有显著的增值效果。例如，图书馆的教育使命和培养阅读兴趣的使命都能同时提高读者的文化修养。从这个意义上说，图书馆为完成其他使命而开展的服务也能同时强化它的文化传播能力。所有这一切都赋予图书馆巨大的促进文化传播、文化理解与包容的力量。《公共图书馆宣言》称公共图书馆是“开展教育、传播文化和提供信息的有力工具，也是在人民的思想中树立和平观念和丰富人民大众的精神生活的重要工具”，这段陈述也应该成为公共图书馆在我国公共文化服务体系中地位的写照。

我们可以把图书馆的几个主要价值做一归纳：

（1）“安静”的价值。“安静”是一种强大力量和能力！《道德经》曾曰：归根曰静，静曰复命。现代社会，在繁忙的都市中，人们四处奔波；车水马龙之间，人们行动的目的更多的是为眼前的“物”。然而，作为城市免费的开放的公共空间的图书馆，却是一个可以让人内心安静的地方。黑格尔说：世界精神太忙碌于现实，太驰骛于外界，而不遑回到内心，转回自身，以徜徉自怡于自己原有的家园中。图书馆就是这样一个地方。

（2）包容的价值。包容包括开放包容、平等包容、普惠包容、多元包容等，在图书馆，每个人，老人和孩子，残障人士等都是平等的。公共图书馆必须以为所有居民和社会团体服务为目标，因为任何一个人都有可能用到图书馆，其中包括各种年龄：儿童/青年/成年人；有特殊需求的个人和团体/不同文化背景和种族的人/残疾人/活动受限制的人等。《兰亭集序》所言：仰观宇宙之大，俯察品类之盛，所以游目骋怀，足以极视听之娱，信可乐也。图书馆才能破除很多政党、宗教的边界，实现包容。

（3）自由的价值。在图书馆，不分阶级阶层，进出基本是“零门槛”的设计；同时按照国家的要求，图书馆提供的都是免费的服务，让每个人感觉不到受制于金钱等的阻碍。

（4）空间的价值。美国社会学家雷·奥登伯格（Ray Oldenburg）在《绝好的地方》一书中提出了一个新概念“第三空间”。照他的说法，第一空间是家庭居所，第二空间是工作单位；二者之外的公共空间如酒吧、咖啡店、图书馆、公园等是第三空间。第三空间是一个公共交流的地方，没有职场的等级意识，也没有家庭的角色束缚，人们可以自由地释放自我。图书馆发展前景之一就是“第三空间”，人们在这里可以一起分享阅读和交流。

（5）平等的价值。2001 年，联合国教科文组织和国际图联再次合作制定了《公共图书馆服务发展指南》，进一步明确公共图书馆是由社区，如地方、地区或国家政府，或者一些其他社区组织支持和资助的机构，它通过提供一系列资源和服务来满足人们对知识和信息和形象思维作品的需求，社区所有成员都有享受其服务的权利，而不受种族、国籍、年龄、性别、宗教信仰、语言、能力、经济和就业状况以及教育程度的限制。

（6）思想的价值。到图书馆来的人，都是为了他们个人的目的、以他们特有的方式来寻求知识和真理的。在图书馆里，用户不会被告知他们需要思考什么，什么时候思考，而是独立地发现他人的思想和观点、自主地理解这些思想和观点。

（7）免费的价值。公益即公共利益，公益性是图书馆的立馆之本。图书馆的天然使命就是实现和保障公共利益，追求的是公共利益的最大化。2011 年，文化部、财政部联合出台了《关于推进全国美术馆、公共图书馆、文化馆（站）免费开放工作的意见》，全面启动所有公益性文化单位的免费开放工作，2018 年《公共图书馆法》对此进一步明确，这更是促进图书馆事业发展的大好事。

“天堂”的实质是什么？就是免费、自由、快乐，获得尊严和实现自我……我们看到，图书馆自由、免费、公益、平等、包容等价值，是不是一个天堂的模样？这里有免费的借阅、免费的高质量的讲座、展览；尊重而无须层层设卡毫无阻隔；交流和参与自由等。

社会机构存在的前提是它能满足社会及个人的某种或多种需要。也正因为如此，对图书馆社会功能的考察不能局限于机构内部，而应从社会更大的背景中看它所处的位置，为社会做了什么，存在的价值在哪里。因此，图书馆意欲“威名远播”，充分实现其社会价值，既离不开其自身以及整个图书馆界的努力，也需要影响深广的大众传媒的一臂之力。

三、图书馆传播的要素和特点

传播具有5W要素，图书馆传播也一样具有这些要素。我们接下来逐一看看。

要素一：谁来传播（who）。传播主体是指由谁来进行推广的问题，一般来说主体分为社会组织、政府或个人。图书馆是图书馆传播的天然主体，包括其馆员、读者等；政府机构基于宏观政策的考虑在全社会开展全民阅读推广活动必须充分发挥图书馆的主力军作用，也要传播图书馆；图书馆学会/协会如中国图书馆学会、各地的图书馆学会/协会也在传播图书馆；也有图书馆的合作方如书店、出版商、图书馆志愿者等也在进行传播。

要素二：传播内容（what）。随着技术和理论的发展，图书馆传播对象从图书、期刊等传统文献扩大到以数字媒体形式出现的各种载体信息。关于图书馆传播内容的问题，有以下几点值得注意：① 需要经常关注推广纸质阅读和数字阅读的比例，以便及时地调整。② 针对各类型群体读者必须开展不同形式的推荐活动。③ 更加注重建筑环境、阅读空间等外观形式的东西。总之，为了更好地开展传播活动，必须对“what”这个阅读客体进行更多的研究，研究阅读客体的载体对阅读行为的影响，研究读者选择阅读客体的理由和标准等。

要素三：渠道媒介（which channel）。通过什么渠道也就是指推广媒介和载体。主要指用以开展图书馆传播的文案、工具、平台、媒体等。目前，图书馆传播的渠道比较多，主要有讲座培训、参观实践、推荐书目、观摩展览、文字网站、竞赛（征文、技能）、书评、书摘、视频展播、电视节目、媒体报道、图书漂流和阅读之星评选等。随着网络技术的发展，近年来还兴起了通过社会网络网站、微博、微信等载体进行推广。值得注意的是，在推广媒介和载体上，还有两个关键的要素：首先是与图书馆传播活动密切相关的物质条件或硬件系统等，如建筑与空间、流动图书馆（车）、自助图书馆及自助借还设备、书报亭、电纸书阅读器、平板电脑、智能手机等；其次是大数据系统，按照用户的爱好、兴趣，通过各自的推送机制向用户主动推送信息。正是这些特殊的设施设备，体现了图书馆传播的特殊性和创造力。

要素四：受众（to whom）。受众也称读者。向谁推广图书馆，是图书馆传播主体希望通过活动施加影响、产生效果或达到目的的对象。普通市民、少年儿童、残障人士或其他任何特定人群均是图书馆传播的对象。“Whom”不仅是图书馆传播的客体，也是图书馆传播的主体以及阅读活动最重要的参与者，是图书馆赖以生存和发展的重要基础。

要素五：效果（what effect）。效果是图书馆传播至读者后在其认知、情感、行为各层面所引起的反应，它是检验图书馆传播是否成功的重要尺度。目前，全社会的阅读推广活动开展得轰轰烈烈，尤其是每年“世界读书日”前后，政府层面、社会层面、图书馆、出版社等社会组织层面均有相关的活动等，也取得了相当明显的成绩。但是关于图书馆传播的效果评估是比较薄弱的环节之一。图书馆仅以活动场次、参与人次等指标来简单衡量传播绩效，尚显不够充分。

图书馆信息传播的传播者就是图书馆，传播的内容即作品信息，是人类创作的文学、艺术和科技领域内能够以某种有形形式复制的智力创作成果，它是以文字、符号、声像等为信号编码的，以便于长期保存和广泛传播的物体为信道的人类精神产品；传播媒介是指介于图书传播者与接收者之间，用于负载、扩大、延伸、传递特定符号（表达作品信息的代码）的物质实体，可能是图书、音像制品、报纸等；接收者是信息传播的“终点”，可以是个人，也可能是一个组织。通过传播，接收信息的人数众多，往往是一大批复杂的接收对象，即各种各样的读者、听众、观众的集合体。由此可以看出，图书馆信息传播的模式基本上完全符合大众传播的线形模式，即传播者（图书馆）——内容（作品信息）——媒介（出版物、新媒体等）——受众（读者）。这种单一的线形传播模式的缺点是缺少反馈，信息传播基本上是单向行进且需要的时间周期较长，受众只能被动接收，缺乏主动权。

图书馆传播有哪些特点呢？

（1）图书馆本身就是传播知识和信息的机构，在不同时代扮演不同的传播角色。图书馆传播的发展是时代使然，并且紧跟时代步伐。例如，在信息化之前，图书馆进行传播主要靠文献和馆藏资源。整个图书馆事业在20世纪90年代信息革命之后有了进一步拓展，图书馆开始利用电脑管理而产生极大的变化。传统图书馆学也不得不更改名称为“信息管理”或“信息资源管理”。在互联网时代，图书馆作为一个传播机构，正在发生着巨变：信息时代在迅速地发展，以网络为代表的新媒体作为新的生产力是当今世界新生产力的典型代表。现在每个人在任何时候、任何地点、做任何事情都可以发布任何信息，这就是传播革命带给我们最大的变化。这个变化意味着，我们每一个公民成了信息生产的主体。过去信息靠政府、传统媒体生产，靠书本等传送，如果没有他们，我们什么都不知道。现在一个人的怀疑可以变成全球人的怀疑，一个人知道的事情可以变成全球人知道的事情，如果图书馆还在固守自己的原来的“生产方式”，恐怕图书馆变得门可罗雀，就是必然的了。

（2）数字化阅读正成为图书馆传播的主要方向。在信息化突飞猛进的今天，网络兴起及迅猛发展之后，迅速取代图书馆作为信息获取中心的地位，成为人们普遍信息的获取来源。随着网络的发展，以浏览为主要特征的“碎片化阅读”“轻阅读”“浅阅读”盛行与传统以深度严肃为特征的阅读方式大相径庭。图书馆传播又该去怎么做呢？以数字阅读为例，有人说，数字阅读不就是看电子书吗？对于读者来说当然是这样，但是，对于图书馆人来说则远非如此简单，它将带来图书馆业务的重新布局和全面提升，数字时代的全民阅读面临着从图书馆基础业务到服务以及宣传推广等方面的挑战。如果说我们已经比较熟悉纸本文献的采集、组织、加工、揭示和流通服务以及文献的保存，而对于数字化文献工作，有许多工作还处于探索之中，例如，如何在促进知识和信息的有效传播与知识产权保护方面取得平衡，迄今还没有一个很好的解决方案。受各种因素的制约，数字化、互联网的优势还远未得到利用。

（3）与大众传媒相比，图书馆信息传播存在时间、空间、经费等矛盾和障碍。图书馆负责承载文献和传输知识信息，而这些信息又依附于一定的载体，包括图书、报纸、期刊、网络等。这些承载信息的载体就是传播媒介。从广义上说，图书馆也是一个传播媒介，以此媒介之名传彼媒介之实，这是图书馆的本质所在。作为一个传播媒介，其本身也需要推广传播。随着知识的迅速更新，图书馆的藏书资源更新比较慢，所以也需要不断调整，以跟上知识的更新速度。但是，在对图书馆藏书文献进行更新和增加时，往往遇到以下问题：

① 采购经费的限制。像国家图书馆，因为是国家总书库，它基本可以对国内出版社出版的中文书全品种采购；在上海，上海图书馆也因为经费充裕，也几乎是全品种采购，这样的图书馆毕竟是少数。近年来，由于图书和期刊的价格不断上涨，使很多偏远地区图书馆藏书更新

经费总是处于捉襟见肘的窘境。

② 在电子资源采购方面，也是遇到难题，例如，纸质书和电子书的采购比例是多少为合适，读者的偏好又是怎样等。

③ 图书馆文献保存与更新的矛盾。作为文献保存单位，现有图书馆的藏书往往是长年累月积累下来的，其知识的针对性往往与当前需求不符，因此，要考虑不断购置新书，不断与其他图书馆藏书进行交流，使当前图书馆藏书更贴近读者的需求。

④ 图书馆信息传播存在空间上的障碍。由于经济发展滞后等原因，许多地区没有图书馆或某一地区范围内图书馆数量太少；一些图书馆实行封闭式管理，甚至是坐等读者上门。这样受地理位置等客观条件的制约，有时会造成读者没书看、图书馆书籍没人用的双重浪费。

四、图书馆传播的不足和误区

1. 图书馆传播的不足

一个图书馆办得如何，读者是最佳的评判者，到馆读者人数是最好的说明。也就是说，读者的眼睛是雪亮的，其目光所及的角落，感受图书馆的温暖与否，便捷与否，以决定是不是再来，或者推荐更多的朋友前来。所以，对一个图书馆的最高褒奖，就是读者的到来，就是读者的认可。同时，对图书馆而言，来馆读者仅是传播的对象之一，更重要的是，要激活潜在的读者（也就是受众），让他们走进图书馆，喜欢上图书馆。我们试图研究我们的来馆读者和潜在读者，看看他们在一个图书馆传播中的位置和作用。

（1）图书馆需要传播的意识不足。图书馆历来是一所没有围墙的大学，是知识、信息和文化的集散地，同时也是为人们提供终身教育的最佳场所。图书馆是一个人获得更多有益的知识和信息、提高知识品位、解决知识难题的重要地方。在大学图书馆可能还会设置一些门槛（例如，需要出示学生证方能进入），在公共图书馆是怎么样的呢？

我们曾经访问过一些公共图书馆，这里的东道主一般一一介绍诸如馆舍、设施、购书经费及馆藏、人员结构等信息以后就结束了讲述，而我们真正想听的有关办馆理念、服务人口、办证量、借阅量、到馆量、活动品牌、社会合作和国际影响等信息却提及甚少。东道主并非刻意要隐瞒什么，这只是一种惯常的观念，即认为一个图书馆最重要的东西就是那些实实在在的存在。毫无疑问，这在中国图书馆界是一种普遍存在的现象，几乎存在于绝大多数公共图书馆管理者的意识里。与之形成对比的是，如果我们每访问一家美国的图书馆，无论大小，最先听到的信息一定是这个图书馆服务了多少人口以及服务的效益如何，为社区的发展做出了什么贡献，而关于馆舍、经费等信息如果不向他们询问的话往往是被忽略的。为什么会这样呢？稍微思量便可明白，因为在美国图书馆人的意识里，馆舍、设施、藏书、人员等，好与坏都是政府的事，只有服务效益才是自己做出来的成绩。两种不同的办馆理念导致不一样的服务理念。这个问题是我们中国图书馆界必须认真思考的。

（2）图书馆传播其功能稍逊不足。就像前面我们所引用的李普曼的观点：现代社会越来越巨大化和复杂化，人们由于实际活动的范围、精力和注意力有限，不可能与他们有关的整个外部环境和众多的事情都保持经验性接触，对超出自己亲身感知以外的事物，人们只能通过各种“新闻供给机构”去了解认知。这样，人的行为已经不再是对客观环境及其变化的反应，而成了对新闻机构提示的某种“拟态环境”的反应。

随着经济社会的发展，现代化的大型的图书馆陆续建成，很多已经逐渐成为文化的综合体。这是什么概念呢？就是里面不仅有图书，也有展览，像一个博物馆、书画院；也有很多的讲座，将文字的图书通过专家学者的讲解，变成一段段可以想象的故事予以呈现；也可以有很多的体验课，让人们动起手来，甚至成为休闲的地方，喝喝茶聊聊天。

但是，人们不会天然地走进图书馆（因为图书馆和阅读不是刚需），所以让社会各界了解图书馆，是传播的首要任务。对很多人来说，除了接触到一些传统的学校图书馆，到了社会上以后，由于忙于生计等原因，很少能真正利用图书馆了。特别是一些大型的图书馆出现后，即使功能大大提升后，读者对它的了解还停留在原有的记忆层面。

所以，站在图书馆层面，我们希望得到更多的资源来使它拥有更强大的服务社会的功能，而为了争取到一个这样的资源，公共图书馆必须给出一个恰当的说明，让政府理解其价值并认可其能力。事实上，当图书馆管理者不断抱怨得不到足够支持时，其实应该反思，有多少来自这个行业的声音向社会传递了呢？传递的效果又是如何呢？如果我们不关注读者，不关注发展，不关注社会对其利用率，不走进民众，长此以往，就会被读者忽略，相应地，也会被政府边缘化。

而这一切功能的实现，需要图书馆做好基础服务、增值服务的同时进行传播，需要研究图书馆传播的对象，手段，内容载体和方式方法，需要重视读者的体验、感受和呼声，需要站在读者的立场，理解图书馆，传播图书馆，需要考虑到不同年龄、不同层次读者的便利。这样想，我们就会发现，图书馆是一项研究人的大工程，不了解传播怎么能行？

（3）对读者的需要和动机研究不足。图书馆传播要充分了解读者的信息需求，了解他们想知道什么，需要知道什么，进而实现更有针对性的信息传递。读者的总体需要是千差万别的，但仍有规律可循。不同的读者有不同的阅读倾向，有的读者阅读动机是有意识的，有的是无意识的；有的是长远的，有的是近期的，总的来说，读者的阅读动机有以下几种：

① 充实和提高自己的科学文化水平，这是学习动机；

② 为解决科研和学习工作上的实际问题，到图书馆查阅参考资料，这是解疑动机；

③ 在工作之余，为了消遣、文化享受而到图书馆进行阅读，这是娱乐动机；

④ 为了应付各种考试和考核而利用图书馆，这是应试动机；

⑤ 认识不清，生活乏味，到图书馆转转看看，这是阅读动机不明。

如果对读者的阅读需要与动机掌握不够，传播就很难切实有效地开展，满足读者需要、充分发挥图书资源的作用也就成为一句空话。

基本掌握了读者动机之后，还要考虑如何调动这些动机，这需要考虑传播注意力问题。

和商业性广告的绚丽、刺激、变幻不同，略显保守的图书馆行业还是显得不太自信于向潜在读者张开双臂，或者说还是不太适应走出去宣传推广自己。要不然，我们看到满大街满屏幕的各类商业广告，怎么很少看到图书馆或者阅读推广的内容？满大街招摇过市的公交车、出租车上张贴的广告都是告诉你如何吃喝玩乐，怎么不见图书馆的新书推荐和活动推介？甚至在图书馆内部，都缺少传播的预算安排，或者说没有宣传推广的预算。

我们生活的世界中充满了各种各样的刺激，由于人类信息加工能力的限制，我们不可能对所有的刺激信息都进行反应，而只能选择其中的一部分进行反应，“注意”就是这种选择性反应的心理机制。影响这种选择性的因素有三种：一是外在的客观刺激特征，如宣传的色彩、图案与文字；二是注意者个体的主观性因素，如个体的需要、兴趣、态度、经验和价值观等因素；三是环境因素，指接触宣传推广的环境。图书馆要吸引人，也要遵循这样的原则。我们这里主要谈谈个体的主观性因素，如个体的需要、兴趣、态度、经验、价值观等因素。

面对同样的图书馆传播，由于读者的主观状态不同，就可能引起某个读者的注意，而引不起另一个读者的注意。读者的动机、态度、经验和兴趣都是影响读者对特定对象产生注意的主观性因素。我们要根据不同的活动进行宣传，抓住不同潜在读者的需要和动机，才能让更多人走进图书馆。当读者产生了某种需要或动机后，一切能够帮助读者借阅到所需图书资源的信息，对读者来说都具有一定的实用价值，容易引起读者的注意。我们可以设想读者对图书资源的反应。假设图书馆发布了一则哲学主题书展的消息，对于非哲学专业的学生或对哲学没有兴趣的人来说，这也许被当作无关信息过滤掉。可是，对于哲学专业的学生或对哲学很感兴趣的读者则是令人兴奋的消息，他们如获至宝。很明显，如此不同的反应倾向，来自各自不同的需要。在信息具有很大的实用价值时，较长的或者较详细的传播可能正是有关读者所期待的。这时候，最关键的是，如何把哲学主体的书送达对哲学感兴趣的潜在读者面前，就是图书馆传播的内容和要求。

（4）通过新媒体、新形式传播等激发潜在读者不足。每个人在生活过程中都积累了一定的经验，这种经验也会影响到个体对事物的注意。人们往往容易对自己经验中比较熟悉的事物产生注意，从中体会到一种情感上的亲近感，进而产生心灵的共鸣。对于一个经常走进图书馆的读者而言，他已经习惯于这种借阅的服务和模式，对他而言，是如何安排好自己的来馆时间和出行方式即可。

对于从未走进图书馆的人来说，没有这个经验，这要用一定的传播手段吸引他们走进图书馆，而靠原来的老一套的传播方法效果就不太明显，就需要新的传播手段。例如，目前一些图书馆的宣传形式还是停留在开辟宣传栏，张贴宣传标语，内容也主要局限于馆藏文献资源的介绍，图书馆规章制度的说明等，宣传风格单一，模式化、概念化严重，与当下读者尤其是年轻读者的经验不相符合，难以吸引潜在读者的注意力。图书馆必须要改变以往这些刻板的宣传方式，选择读者喜闻乐见的方式。例如，当下学生的生活学习经验具有明显的时代性，他们充满青春活力，喜欢求新求异求变，对社会、校园中出现的新鲜事物和新理论新观点表现出浓厚的兴趣。针对学生读者的传播就要充分考虑这些因素，宣传设计上可大胆用色、标题醒目、简洁内容、俏皮语言，在传达文本内容信息的同时更拉近与读者的距离，消除读者进馆或者与馆员沟通的陌生感。网站、QQ 群和微信也是年轻的读者熟悉的事物，用这些宣传方式也能有效传播图书馆信息。

在日本东京银座，一家神奇的小书店，空间极为狭窄，一次只卖一本书。这就是“一室一册·森冈书店”。这里的书籍每周更换一次，一次只陈列一本书。店主森冈组建了一支“搜索”团队，把时间和精力都放在了分析用户的社交数据上。他们每天看大量的书，然后找出版社的出版信息，书店的销售信息，用户的读书兴趣等，罗列出用户可能最感兴趣的书籍和他们认为最值得推荐的书籍。森冈书店的意义在于，以读者需求为导向，用兴趣和稀缺的一本书吸引大家的关注，这就是传播的艺术。

（5）通过二次传播、深度传播留住读者做得不足。图书馆读者工作尽管在内容形式上千差万别，但只要我们对读者的阅读倾向、阅读行为、阅读动机、阅读兴趣进行深入了解，把读者服务工作做实做细，将积极的思想和情感传达给读者，并对他们借阅心理和行为起到积极的引导作用，引起读者在心理上的共鸣，就能改变读者对图书馆的消极态度，培养对图书馆的积极态度，这就需要二次传播、三次传播来实现。

例如，读者走进图书馆阅读或听一次讲座后，是一次传播；通过读者的点评或读者的读后感，来实现共享，是第二次传播图书馆。事实上，一个活动的传播可以继续几次延续下去。还有，对不同读者举行各种层次的信息培训，提高用户素质，克服影响用户信息需求过程中的障碍，一旦其积极态度形成，我们开展读者工作就会更有成效，形成良性循环。

图书馆开展传播的一个重要对象是图书馆利益相关者，如图书馆的上级管理部门、投资图书馆的主体、重要媒体以及知名社会人士等，让他们充分了解图书馆，为图书馆运营创造良好的外部舆论环境，也是传播的重点。在我国，图书馆的主办单位是当地政府，作为投资人，政府要看图书馆的效益如何，最根本的是人气是否旺盛。如果整天门可罗雀，读者稀少，政府就会觉得投入的财力不值得，进而思考减少对图书馆的投入。

2. 图书馆传播的误区

（1）误区之一，把图书馆传播仅仅当成一件技术活。图书馆进行传播的基本前提是，真正理解图书馆的价值，认同图书馆的价值，热爱图书馆。《大学》中说：格物致知，正心诚意，修身齐家，治国平天下。如果一个图书馆连“格物”都没有做到，不去研究它，谈何理解和认同？

职业认同是一个心理学概念，是指个体对于所从事职业的肯定性评价。它既指一种过程，也指一种状态。“过程”是说个体从自己的经历中逐渐发展、确认自己角色的过程；“状态”是说个体对所从事的职业的认同程度。培育和提升个体的职业认同感，无疑对个体自身发展和组织发展具有重要作用。然而在馆员的职业生涯中，职业认同经常陷入危机，倦怠之风悄然蔓延。当然我们知道，一个人真正理解工作价值需要时间，也需要修炼，但是我们还是希望，这个阶段越短越好。其实，解决之道是有的：首先，领导者的管理艺术亟待加强。现代管理学认为：世上只有混乱的管理，没有无用的人才。管理艺术包括领导者自身的品德、工作作风、知人善用以及智商和情商等多种综合素质。成功的领导者应该做到悉心观察馆员的细微表现，关爱和尊重每一位馆员，使图书馆成为一个温暖的大家庭。其次，要建立科学的激励机制。激励机制是图书馆实施有效管理的重要手段之一，它既有利于实现图书馆工作目标，又有利于激励馆员奋发向上、励精图治的精神。第三，要实行馆员参与式管理。图书馆的发展必须依靠馆员的集体行为，让馆员参与管理和决策，即由原来的被动接受转向参与管理，再转向自我管理，以增加馆员主体的职业认同感，集合全体馆员的智慧谋取图书馆整体事业的发展，实现图书馆发展目标和馆员主体个人目标的有机结合。

（2）误区之二，把传播定位于专门的部门和人。长期以来，图书馆习惯把个别部门和岗位定位于专门做宣传和传播工作，收口在一个部门，一般放在馆办公室内，便于统一管理。例如，记者采访图书馆活动要通过这个部门允许后才能实施，实际上，随着传播手段和渠道的发展，这种分工容易限制了图书馆的传播，使得一线部门的很多鲜活的信息有可能得不到及时而充分的传播揭示。就算某个图书馆单独成立类似新闻中心的部门，按说够重视了吧，但实际上可能还是解决不了现代化的多功能的图书馆传播问题，例如，每场活动的过程如何？读者评价的结果如何？读者互动的效果如何等。可见，图书馆传播这座“冰山”很大，但传播的很多是“冰山一角”。也许，只有整个图书馆，每个馆员，每个岗位都在边做边说时，或者说会做会说时，才是图书馆传播的兴盛之日。

（3）误区之三，把传播范围和内容限定得太窄。有一句古话，叫上帝的归上帝，恺撒的归恺撒，意思是说，有的事物是各扫门前雪，各归各的管，不要互相干涉对方。这句话要看在什么语境下来看。例如，在图书馆传播上，最好不要这么泾渭分明，图书馆的效益是由读者的利用而体现的，因此，效益理念驱动的图书馆服务将立场确立为“一切以读者为中心”，就是最大限度地满足读者的需求。为了实现这一目标，在管理层面上，图书馆管理的方便以及馆员工作的方便都尽可能让位于读者的方便，比如适当增加工作量而提升读者的单次借阅册数、适当允许读者在阅览室里喝水及吃一些简单的食物等；在服务层面上，为了吸引更多的人走进图书馆，迎合不同人群对服务的需求，读者活动被纳入图书馆的核心业务体系，即除了保障文献借阅服务外，更多地采用了“服务活动化，活动品牌化”的服务战略。图书馆就是如此这般地以新的服务理念来赢取读者的好感，从而提升服务效益。当一切以社会效益为驱动的时候，图书馆传播的目的明确了，界限也打破了，一切以提升图书馆服务的社会效益为目的，一切都是传播的主体和客体要素，目的是让更多的人了解图书馆、爱上图书馆、利用图书馆。如果参照我国正在进行的自贸试验区负面清单制度，我们可以把图书馆不能传播的项目列出来，其他的都可以传播。

（4）误区之四，图书馆传播往往出现宣传推广的角色错位，即混淆了图书馆与读者之间的角色关系，没有把受众当作是我们的服务对象。比如，喜欢在宣传窗口如图书馆网站、玻璃橱窗宣传图书馆的内部事务，如党员开展了什么活动，团员开展了什么活动，职工进行了什么业务培训，图书馆经过了什么评估取得了什么等级，图书馆获得了什么荣誉称号。这类宣传题材和文字，看上去虽也属于图书馆宣传的范畴，却不是面向大众的宣传。之所以出现这种状况，是因为图书馆把自己仅仅当作一个社会的行政单位，没有意识到作为一个服务性机构应该把这些工作成就留在“后台”。面向公众的宣传，尤其是作为一个服务性机构，只有“去行政化”的宣传，才能起到让公众对图书馆产生认知、产生好感、唤醒阅读等作用。在公众面前图书馆永远要记住：你的面前没有领导，只有自己的服务对象。

五、图书馆传播与大众传播、宣传、推广

前面我们说过，报纸、广播、电视等大众传播更多是以雄辩说服型为主的；而图书馆传播却是引发探询型的。其实，图书馆和大众传播的两者区别不仅于此。

1. 图书馆传播与大众传播

我们在前面讲述图书馆传播特点时，已经指出大众传播与图书馆传播的区别。其实，两者在手段和形式等都有差别，如大众传媒利用图书、报纸、杂志、广播、电视和电影六种媒介向不特定多数人传播信息，信息内容丰富、技术手段先进、消除时空障碍、覆盖面广泛。大众传播是由专业化的媒介组织运用先进的信息技术和产业化的手段，以社会上一般大众为对象而进行的大规模信息生产和传播的活动，它既是内容生产者也是渠道传播者。这些媒介组织包括出版社、报社、杂志社、电台、电视台以及以大量生产为目的的音乐、影像制作公司等。但大众传播不等于就是图书馆传播。

什么是图书馆传播？以藏书为例，图书馆拥有大量藏书，这些藏书门类齐全，种类丰富，但是这些信息资源并不会天然地就被所有读者所知晓和使用。只有图书文献的使用率高、数量种类庞大，图书文献的价值才得以体现和实现。图书馆要把信息传播出去，而这些信息又依附于一定的载体，包括图书、报纸、期刊、网络等，可见，大众传播是职业化的专业传播部门，而图书馆传播是通过传播让读者使用这些资源，传播本身不是图书馆的专业，而是图书馆的手段，这是图书馆传播的本质要求。

两者共同之处是，图书馆与大众传媒共同承担着继续教育的重任。信息化社会最主要的一个特征，就是大众媒介的发展使人们的生活日益信息化，在社会教育与学校教育同等重要的今天，大众媒介在知识经济时代已经成为获取知识的主要途径。同样，书籍是人类文明的结晶，而图书馆是人类文明的宝库，是反映一个国家或地区综合实力和文化水平的标志，是人们自觉接受教育的社会机构。图书馆与大众传媒共同向人们传递着各种各样的知识，共同承担着社会继续教育和知识传递的重任。

2. 图书馆传播与宣传

图书馆传播并不是一个新话题。自从有了公共图书馆，就有图书馆传播。文献检索证明，国内最早进行图书馆宣传研究的是毕家正，他在1983年就提出“宣传推广”的概念，就是将馆藏书刊资料传扬开去，扩大影响，推而广之，为人所用，促使人与书的结合。但是宣传更多的是强调“我说”，传播强调更多的是怎么说，效果如何等。在我看来，传播包括了推广和宣传计划，以及媒体宣传等。这样一看，除了图书馆内部事务，图书馆的一切都可以对外传播。

传播学与宣传之间有着某种“血缘”关系。因为早期的传播研究有很大一部分是宣传研究。但是这两者的区别也是明显的，不可以混同。传播学是把人类社会中一切信息传播现象都作为自己的研究对象，其中自然也包括宣传现象；而宣传学只把劝服性、观念性的传播现象看作是自己的研究对象。传播学能够从更高的层次、更广的视野来揭示一般信息传播的本质和规律，从而可以更正确地指导包括宣传活动在内的一切传播活动；而宣传学只能从它自身的角度和层面来分析宣传现象、揭示宣传规律，进而指导自己的传播活动，并且只能从某些方面深化和丰富传播学的内容，而不能简单地用来指导一般的传播活动。

3. 图书馆传播和推广

两者的目的一样，都是在于提高图书馆的知名度，吸引人们走进图书馆，利用图书馆，享受图书馆的各种服务。都是要回答以下几方面的问题：第一，图书馆是做什么的。主要是让更多的人能够了解图书馆的性质和职能，宣传图书馆的公益性、公共性，纠正人们对公共图书馆认识上的偏差。第二，图书馆能做什么。向社会公众揭示图书馆的馆藏情况与服务内容，告诉广大市民图书馆有哪些方面的文献资料，能为其学习、生活、工作、科研提供什么样的便利，如何才能够获得图书馆的服务等。第三，图书馆在做什么。图书馆近期购进了哪些新书刊，有哪些新的服务举措，图书馆准备举办哪些讲座，有什么样的读者活动等，都要让读者及时了解。第四，图书馆做了什么。在很多社会公众眼中，图书馆只是一个文化建筑，对其究竟能够发挥什么样的作用则不甚了了。所以，图书馆要将自己的所作所为一一展示出来。

图书馆传播和图书馆推广有何区别呢？图书馆传播是一个大的整体的概念，而阅读推广更侧重于内容传播。例如，对图书馆优秀馆员的推荐是属于图书馆传播，因为图书馆馆员在图书馆中占有重要的作用。到现在，仍有一些人认为，图书馆馆员就是整天呆坐在柜台读书或是帮人借书还书的简单操作而已，但是业界人士知道图书馆有参考咨询馆员、流通馆员、网络使用馆员以及计算机馆员等。实际上，公众对信息的需求不是一件简单的事。

再如，许多读者不知道图书馆工作流程，那么，如何向读者展示和传播呢？当前，图书馆在现实馆藏与虚拟馆藏并存的情况下，面对电子图书所具有的便于阅读、便于携带、成本低等特点，仍然无法改变这样一个事实：图书馆占主导地位的知识载体仍然是印刷型图书。印刷型图书一旦采购入馆后还必须进行分类、编目、典藏等加工工作，才能变成有序的、便于读者利用的馆藏资源。人们在习惯上把图书馆工作的流程概括为“采、分、编、典、流、参”。“图书分、编、典流程”作为图书馆运行系统的一个业务子流程，具体是怎样运行的呢？这一转化过程是通过使用组织的资源（机器、员工和资金等）去完成的。由此可知“图书分、编、典流程”是用来将无序的图书按一定的科学方法与技术规则进行加工、组织，转换为能够更有效满足读者需求的有序的、优化的馆藏资源的过程，这一转化过程是通过使用图书馆的设备、馆员和资金等去完成的。

第三节 国际上对图书馆传播的重视

从西方管理学领域传来的“marketing”概念常常被翻译为“营销”，但在图书馆学领域，由于“营销”一词带有营利性色彩，常常被翻译为“宣传推广”。时至今日，在迪内希·古普塔（D. K. Gupta）等学者倡导的“扩展的图书馆营销”的概念下，“宣传推广”一词已经无法容纳“图书馆营销”所带有的丰富的内涵：图书馆营销绝对不仅仅是宣传推广而已，在当代的图书馆学研究中，它是图书馆整体战略的一部分，既包括了宣传推广，也包括了社区关系构建、长期的活动管理乃至于社区用户调研等。这样一个较为宽阔的营销概念，一直是国际图联所主导的图书馆国际营销奖（IFLA International Marketing Award）所试图普及的。这一切，其实都和图书馆传播息息相关。但是在营销和宣传两个概念之间依然有着太多的混淆（宣传推广仅仅是营销的一部分）。国际图联强调，所有获奖的图书馆至少都符合一个特征，即是都采用了系统的、全面的营销途径。

在当下的现实中，图书馆传播上一般所关注的是阅读推广活动，读者培训，用户教育和用户研究，教育读者如何利用图书馆的资料，掌握使用图书馆的方法。我们往往忽略了社会和公众缺乏对公共图书馆的了解这一因素，较少去做图书馆的形象宣传、推广和对外的整体营销，这根源于我们习惯上从自己的角度看待图书馆传播。

一、图书馆营销和企业形象识别系统

1. 图书馆营销

营销学大师菲利普·科特勒（Philip Kotler）对营销的定义是：识别顾客的需求和欲望，确定某个组织所能提供最佳服务的目标市场，并设计适当的产品、服务和计划方案以满足这些市场需要。

图书馆营销这个词，由于更接近于商业领域的市场营销，所以一直没被国内图书馆界广泛接受。但是，国际上却很是重视，国际图联下属一个分支机构就叫“管理与市场营销委员会”，专门从事图书馆营销工作，从2000年起，每年评选营销奖。国际图联2001年出版的《公共图书馆服务发展指南》，也积极鼓励公共图书馆利用市场营销技术，使自己能够了解用户需求，并进行有效的规划，以便满足用户的需求；图书馆还必须向大众宣传它的服务，确保读者清楚了解图书馆为他们提供的服务。

由为大众提供知识、信息和文化服务的事业性质和现代化、市场化的时代特征决定，公共图书馆在传播方面应不局限于简单的传达信息、树立形象，而要充分学习企业在推销产品过程中所使用的方法手段。当然，对于某些商业营销手段华而不实、喜欢对产品的功用做夸大处理的情况，也应当予以规避。

营销理论被引入图书馆领域后，一个极大的好处是，图书馆意识到简单的宣传推广解决不了图书馆的根本问题，宣传推广是我来做，营销是“顾客”的需求来做，一个主动，一个被动，作用和地位就发生了转换，图书馆和馆员不仅要关注读者，也要关注潜在读者，不仅要提供“产品”，也要考虑“产品”的销路和实际效果。可以说，对图书馆界来说无疑是一个巨大的思想变革。

我们国家改革开放前搞的是计划经济，原本对市场这一块很是忌讳，以挣钱为不齿之事，以穷为荣！所以对营销一词避之不及。后来改革开放了，但是由于习惯的养成很难改变，现在还是甚少提及营销。后来，科特勒又提出营销可以引入非营利组织，营销一词才越来越被国内认可了。考虑到图书馆仍然是政府拨款单位这一事实没有根本改变，以及我们的传统，我们就用传播代替营销一词，但是传播方法与营销的方法具有一致性。例如，以往图书馆开发一项新型服务，往往不能明确表述这项服务的目标是什么，举办一次读者活动也往往不能表述该项活动的目标是什么，为项目而项目、为活动而活动的情形比比皆是。在营销的框架之下，必须有明确的目标。这在传播中也是一样，我们要有对象，我们要传播给谁看，让谁参与，效果如何等。

2. 企业形象识别系统

企业形象识别系统（Corporate Identification System，CIS）是一个完整的集理论、方法、创新于一体的现代管理模式，它综合了管理学、组织行为学、广告学、公共关系学、心理学和传播学等相关学科中的许多理论和方法，将企业经营理念与精神文化通过媒介等方式传达给企业内部员工与社会大众，以塑造良好的企业形象。

图书馆与企业有很多共同之处：①都是以追求自身价值的实现为目标（企业侧重于经济效益，而图书馆侧重于社会效益）；②都有产品产出（企业是物质产品，图书馆是信息产品）；③都有基础设施（建筑、设备）和工作人员；④都有服务对象（企业是消费者，图书馆是读者)；⑤都有自己的文化，但图书馆形象识别系统总体较多。企业形象识别系统主要由理念识别（MI）、行为识别（BI）和视觉识别（VI）三个要素组成。从科学理论与方法的角度看，企业形象识别系统具有可移植性和普遍适应性的特点。

3. 图书馆形象识别系统

图书馆理念识别是图书馆形象识别系统的核心，包括图书馆的服务理念和办馆宗旨等。“读者第一、服务至上”是图书馆总的核心理念和服务宗旨。独特的服务理念应根据本馆所处的经济水平、社会环境并结合本馆性质、服务目标和宗旨来确定。如杭州图书馆的“平民图书馆，市民大书房”办馆理念，温暖了许多普通人的心。北京师范大学图书馆“存古开新，修己惠人”的办馆精神，奉行“秉承传统、强化特色、拓展服务、臻于至善”的服务理念；上海图书馆上海科技情报所“国内一流，世界先进”的定位理念等，这些独特理念都显示出独特的风格和价值追求。

图书馆行为识别是在图书馆理念指导下建立起来的一种动态的识别形式，它涵盖了图书馆的所有服务及活动、服务标准及要求，目标就是在图书馆新理念统一的基础上，规范协调全体人员的行为，传播图书馆精神，通过优质的管理和服务使图书馆获得最佳的美誉度，从而提升图书馆的良好形象。

图书馆视觉识别是一种静态的、突显个性化的特殊表达方式，它将图书馆的服务理念等，以美术、设计、广告学等方面的知识进行设计，大到全馆的整体布置，小到信笺、信封等，用统一的视觉符号传达给公众。因此，在标志设计上要新颖、美观、易记，最好能让读者一看到标志就联想到相应的组织机构。如人们一看到那只精致、漂亮的小狐狸即可想到搜狐网站。

二、美国公共图书馆的传播

美国的公共图书馆是本杰明·富兰克林（Benjamin Franklin）在18世纪创办的“工人会社”逐渐演变而来的，而“会社”是以“互助”为宗旨的社会团体，“互助”的主要活动为阅读与讨论。从某种意义上说，“会社”是民间自发的读书互助组织。富兰克林之所以热衷推动公共图书馆的创办，是因为他看到了公共图书馆所具有的开启民智的作用，他说：公共图书馆提高了普通北美人的对话水平，使普通的工人或农民变得像其他国家的绅士一样睿智。

美国公共图书馆的服务在信息获取、传播知识、社会教育、提供娱乐和公益服务等方面发挥着越来越广的作用。这一切，都从它的传播可以窥见。

1. 推广营销活动

浙江一位图书馆馆长访美后是这样描述美国图书馆推广的：在芝加哥美国图书馆协会（ALA）年会上，看到许多读书海报，有一张由ALA推出的由姚明担任形象大使的“读书”海报，吸引了我的眼球，下有一行字：姚明@ yourlibrary。可以想象，这张海报对姚明的崇拜者会带来多大的影响。这位馆长继续说：即使是一张简单的借书卡，他们也很用心。美国图书馆协会网站在宣传中推出了NBA球星坎迪斯·帕克（Candace Parker）的图书馆卡签名宣传，内容说“图书馆卡是我皮夹里最聪明的卡，快来办吧（Library Card is the Smartest Card in My Wallet. Sign up Yours Today）”。美国图书馆协会把一张小小的图书馆卡搞出这么大的动静，我们是否应该也更加重视公共图书馆卡的标识意义和宣传作用，而不仅仅是一个借阅的凭证呢。

纽约市三大图书馆系统之一的皇后区图书馆的传播中，推出了不同肤色、和善、微笑的图书馆馆员为主角的巨幅海报，将形象宣传做到了公交车车身上，海报上印着“我就是你的皇后区图书馆”（I'm your Queens Library），让社区居民产生了亲近感。在美国有的城市，婴儿在医院出生时当地的图书馆就会送上一张图书馆卡的申请表，因为有专家认为人的一生阅读习惯是在6岁以前养成的。

2. 宣传口号和主题

在芝加哥市每年有一项活动叫作“同一个城市，同一本书”（One Book，One Chicago）读书活动，大家同读一本书，一年两次，活动主题直接、生动而明确，让公众喜欢参与和理解。在波士顿公共图书馆有一则启事：只要记住简单的三个规则，你就可以不花费一分钱使用你的图书馆：①按时还书；②不要损坏图书；③看好你的图书馆卡。这样的文字比用读者守则或读者须知更容易让人接受和印象深刻。

纽约皇后区图书馆，提出的主题口号是“皇后图书馆丰富你的生活”（Queens Library Enrich Your Life），并出现在网站、纪念品和宣传品上，让公共图书馆成为民众生活的一部分。“图书馆丰富你的生活”已经成为美国公共图书馆的一大特征和共识。

“图书馆快照日活动”是由美国新泽西州图书馆协会和新泽西州立图书馆于2009年首倡的一项展现图书馆存在价值的阅读推广活动，活动当天要求新泽西州所有的公共图书馆、学术图书馆、学校图书馆、专门图书馆、医院图书馆和政府图书馆广泛参与，通过快速调查、评论、照相、摄像等方式来捕捉全州所有图书馆在快照日当天的活动瞬间。2009年2月19日快照日的统计结果表明，当天共有161 367人次进入新泽西州的225家图书馆，这是迪士尼公园每天游客量40 000人次的4倍。尽管美国后来各州图书馆快照日活动策划各有特色，但是快照日活动当天的调查统计数据离不开以下几项核心指标：①读者入馆人数；

②公共电脑使用次数；③参考咨询问题数量；④儿童读者参与活动人数；⑤成年读者参与活动人数；⑥数据库访问量；⑦当日图书流通量；⑧网站点击数量。

3. 融入当地社区

美国田纳西州的纳什维尔公共图书馆（NPL）获得了2017年Gale年度图书馆奖。这一年度图书馆奖由美国《图书馆杂志》和圣智公司Gale数据库联合主办，旨在颁发给为社区提供优质服务，做出突出贡献的图书馆。纳什维尔公共图书馆馆藏丰富、服务多样、项目众多，与其他公共服务部门、当地商务公司联系紧密，能够满足纳什维尔市和戴维森郡居民的需要，无论主流人群还是边缘人士都能在此找到所需。

2016年年度Gale图书馆奖获得者、美国托皮卡-肖尼县公共图书馆馆长吉娜·米尔萨普（Gina Millsap）称赞纳什维尔公共图书馆有海纳百川的胸怀，是文化传播的先锋，它策划了许多文化项目，拥有多个文化活动中心，努力传播文化知识，热情欢迎每一位到馆读者，尤其是社会边缘人士和新居民。

三、新加坡图书馆的传播

新加坡国家图书馆管理局（National Library Board Singapore，NLB）成立于1995年，隶属于当时新加坡中央的新闻和艺术部（现新闻、通讯和艺术部），下设业务发展处、人力资源与企业服务处、社区与国际关系处、资讯系统与网络处、服务推广与节目开发处等职能处室，全面负责国家公共图书馆网络体系的建立和管理。

目前，该管理局共管理着1个国家馆、3个区域馆、19个公共馆、1个社区儿童馆以及17个隶属于政府部门和学校的图书馆（见图1-2）。其服务对象涵盖了所有年龄段的人群。该管理局不仅管理着图书馆的传统业务，而且在成立之初就明确提出了“发展商业化信息服务，促进经济持续增长”的策略，致力于通过图书馆系统提供的信息服务激发公民的创造力、想象力以扩张国家整体的知识能力，增强国际竞争力，并协助把新加坡发展成为一个知识型国家，一个优雅的社会。该管理局多年来在图书馆营销方面做出的不懈努力和取得的显赫成绩使其在2009年时荣获了国际图书馆协会联合会颁发的国际营销奖。

图 1-2　新加坡国家图书馆外景

1. 企业式管理

在新加坡，不管你走到哪个图书馆，管理人员津津乐道的都是营销图书馆，每个图书馆墙壁上没有规章制度，取而代之的是生动活泼的标有工号的工作人员生活照，让人想起国内的商场服务员，想起各服务机构的营业大厅。最典型的是新加坡国家图书馆，实行标准的企业化管理方式，经营目标为“读者服务至上”，还设有董事会监督其运营状况。据该馆馆员介绍，该馆会采用企业化经营方式的原因是为了打破图书馆传统的管理及服务态度与模式，要努力吸引各阶层的用户来利用国家图书馆，此经营方式为他们带来了丰厚的利润。

2. 技术促进服务

新加坡国家图书馆管理局非常重视新技术在图书馆中的应用，一直以来被其视为成功为顾客服务的关键因素之一，早期将 RFID 技术引入图书馆即已为其带来众多美誉。然而，该管理局探索新技术为图书馆服务的步伐并未因此停止，例如，2006 年启动的手机短信参考咨询服务成为公众获取咨询信息便捷有效的途径，国图每个月会收到 5 000 条咨询请求，并承诺会在收到问题后的 24 小时内答复。为了进一步提高参考咨询的质量，由参考咨询馆员和其他各领域专家组成了知识共享专家网络，该网络以在线协作平台为支撑，获取馆员和专家知识作为存储，同时亦可作为增加馆员知识和技巧的培训工具。此外，该管理局也为馆员提供便携工作空间，每个馆员可利用该工作空间提供的统一在线平台获取和提出问题，也可协作编辑其他问题的答案，目的同样是让用户获得更快更好的咨询答复。不仅如此，还利用搜索引擎优化技术重新构建了网站，提高了用户通过 Google、Yahoo 和 MSN 等搜索引擎偶然发现该管理局网站的概率，数据表明，在使用搜索引擎优化技术前后，该管理局的网站的月访问量从 400 次猛增到 145 000 次。此外，值得一提的是，在 Blog 和 YouTube 视频等新媒体大行其道的今天，该管理局也不忘对其加以利用，通过这些新媒体对图书馆新近发生的大事或举办的活动与公众取得及时沟通，进行营销，这样能激发图书馆用户尤其是活跃青年的参与和互动热情。该管理局如此推崇服务至上的营销理念，赢得了大批忠实的用户。据统计，2005 年新加坡图书馆的注册用户就达到 200 万，注册比例占当时全国人口 50%以上。2000 年，该管理局即因其优秀的客户服务被接受为新加坡星级服务质量（SQC）会员，还分别在 2004 年和

2009年荣获其政府颁发的新加坡质量奖和新加坡卓越服务奖。

3. 人性化的“顾客关系管理”

为了更好地服务读者，他们按市场营销的策略对读者进行细分，见表1–2。

表1–2 NLB顾客细分及其需求

细分类型	当前需求（部分举例）	未来需求（部分举例）
学龄前儿童 （0~6岁）	基本借阅服务； 为其父母提供阅读指导咨询； 快乐阅读环境等	大规模的读写活动； 为其父母进一步提供网络平台等
学龄儿童 （7~12岁）	基本借阅服务； 支持学校课题的资源和参考咨询服务； 与热点问题相关的馆藏资源； 信息素质指引等	提升馆藏资源的质量和深度； 大规模的读写活动； E–learning环境； 社交实体空间等
青少年 （13~19岁）	喜欢阅读小说和非小说类的计算机和健康类图书； 偏爱自助服务等	个性化图书馆和信息服务； 非传统的馆藏格式等
成年人 （20~59岁）	年轻人喜欢借书、参与活动、社交、获取信息帮助； 年长的成年人偏爱与继续教育和终身学习相关的资源	志愿者社交活动； 协作学习和体验式学习； 组成图书、音乐俱乐部； 整合的学习资源等
老年人 （60岁及以上）	喜欢轻松的阅读，尤其是大字体和有声读物； 喜欢看报； 喜欢健康类主题的节目等	多样化的馆藏格式； 更多关注老年人所需求的馆藏和服务； 社交学习场所等

续表

细分类型	当前需求（部分举例）	未来需求（部分举例）
少数民族、服务不周的社群以及残疾人	便利的、能支付的、易获取的图书馆资源； 相关资源、服务和节目； 友好及便利的设施等	更加友好的设施； 更加友好的资源及视听资源格式等
研究人员、企业和政府部门	通过网络和数字图书馆获取电子资源； 免费或付费的信息服务等	知识服务； 交互网络平台； 亚洲信息资源中心等

我们看到，从学龄前儿童开始，为孩子提供基本借阅服务、为孩子的父母提供阅读指导咨询等，以及个性化服务，都是围绕顾客的需要展开的。

为了让公众能在繁忙的工作生活中更多地接触到图书馆，除了让图书馆进入社区，新加坡国家图书馆管理局更是创新地将越来越多的新馆置身于闹市、大商场和地铁口附近，这里没有密密麻麻的椅子和桌子，取而代之的是一条干净厚实的地毯，既节约空间又为读者提供席地而坐的可能。通过与邮局签约，在邮局总部设置图书馆还书分配中心负责全国馆际合作和互借的业务，由此带来的便利是读者可预约全国各图书馆的图书，并可指定离家最近的图书馆取书，甚至可选择以邮寄方式将图书送到家中。

该管理局设计了各式各样的联络方式以便于和用户沟通，如用户可通过面对面、书写卡片等形式进行交流，或到图书馆网站和博客进行在线交流，还可发 E-mail、短信或传真给图书馆及相关工作人员，当然亦可致电图书馆，包括图书馆电话、24 小时图书馆语音电话等，甚至可直接致电质量服务经理人热线。2003 年该管理局设立的联络中心，更被视为改善外部顾客关系的里程碑。无论通过哪种途径，若接到了顾客的投诉反馈，该管理局会非常认真而严肃地对待，一方面会尽快将处理结果反馈给顾客；另一方面还会对改进的效果进行进一步的追踪和监测。

四、国际图联对传播的重视

国际图联管理营销专业组（Management and Marketing Section）于 2001 年设立了国际图联国际营销奖（The IFLA International Marketing Award），奖励优秀的图书馆营销项目，以鼓励图书馆进行营销活动。历届的获奖项目都具有一定的创新性，到 2014 年已经迎来了第十二届奖项的征集，获得了良好的营销效果。

近两年，国际图联国际营销奖在中国图书馆界的影响力正在逐渐扩大，这主要是源于图书馆界的国际化趋势日渐明显，这不仅仅体现在国际图联对中国图书馆界的重视——例如将中文接纳为 7 种官方语言之一，更体现在与图书馆息息相关的数据库厂商或硬件厂商的国际化市场路线。

2012 年，清华大学图书馆的视频短剧“爱上图书馆”项目获得了该营销奖项的首奖，图书馆界对这一成果的传播，又使中国图书馆馆员对这一奖项有了进一步的认识。

值得欣慰的是，在清华大学图书馆获奖以前，已经有一些从业者开始关注这一奖项，例如代表性的是吴立奇、王巧玲撰文《国际图联营销奖及其对我国图书馆营销的启示》，并对营销奖得主新加坡公共图书馆的营销案例进行了分析。

1. 营销目标

新加坡国家图书馆管理局公共图书馆的营销目标：①如何营销其让新加坡人“增强学习能力”的任务；②如何说服那些对营销持不太积极态度的图书馆馆员；③怎样有效利用技术获取市场份额，而不是单纯地为了技术而技术；④如何利用公共传媒进行营销。

2. 目标用户的需求分析

新加坡公共图书馆确定以客户价值细分取代传统的市场细分，也就是说，要弄清楚客户需要什么，然后根据不同客户的需求来向其传递价值。新加坡利用价值细分确定以下七类具有不同的学习与阅读方式的读者。

（1）关心职业的：主要阅读与工作相关的资料；

（2）积极的信息查询者：对信息有强烈的需求；

（3）自助学习者：比起借书来更喜欢买书，大多数不常来图书馆或者还不是图书馆的读者；

（4）一般的读者：休闲时间大多看电视、听音乐，对阅读持积极的态度；

（5）聚焦在一定领域内的学习者：主要是学生，54%受过高等教育，将阅读作为课堂教育的一部分；

（6）不积极的读者：56%的人2~3个月来一次图书馆，17%的人从来不到图书馆，对阅读持不积极的态度；

（7）学习的促进者：74%为非读者，大部分是蓝领、家庭主妇或者退休人员，认为孩子很有必要到图书馆。

在读者价值细分的基础上，该管理局每年要进行读者满意度调查，形成读者反馈报告，从而根据不同读者的需求来设计新的服务。

3. 营销策略

（1）针对图书馆馆员提出四个核心价值理念：学习的热情、读者服务承诺、尊重大众以及团队工作。规划图书馆馆员发展项目，包括学习规划和馆员职业发展规划。

（2）图书馆重新定位。该管理局已经将公共图书馆的形象由原来冷漠、没有吸引力、不友好的地方变成一个充满乐趣及方便获得的新品牌。更重要的是图书馆必须展示其方便获取的特性，像书架的排列、每日的更新等，以及乐于助人、友好的馆员。总之，图书馆必须迎合新加坡人所期望的生活方式来组织馆藏与服务。

（3）事件营销。新加坡公共图书馆采用了基于事件的方法开展活动，例如，利用图书馆节、亚洲儿童节、汉语故事竞赛等机会举办营销活动，从而共享知识、鼓励阅读与学习。

（4）技术战略。新加坡公共图书馆认为他们必须要做点正确的事情以使得人们记住他们的品牌名字，特别是为了顾客的方便而采用相关的技术。在节省时间方面，新加坡公共图书馆进行了多个利用信息技术的改革，并重新改造服务提供流程、降低等待时间，包括提供 RFID 服务，24 小时自动还书箱、自助借还书、借书者查询终端等。技术的应用使服务流程更加顺畅，服务质量得到提高。

（5）媒体战略。新加坡公共图书馆认为，不能把媒体视为“狗仔队”，而应该视其为图书馆重塑品牌的合作伙伴，在很多的阅读与学习项目中给予媒体以特别地位。例如，在图书馆大使项目中，著名的人物，诸如政治家、媒体人士被邀请进来：在讲普通话项目和说流利英语项目中，开展了系列活动等。在激发人们参与活动方面，广告也扮演着重要角色。长达数月的公交车和地铁站的广告宣传项目帮助吸引人们到图书馆，以使得图书馆形象持续出现在新加坡人的脑海中。

4. 营销评估

新加坡公共图书馆自 1995 年起实施图书馆营销活动，2003 年活跃图书馆会员达 170 万人，而未实施营销活动的 1994 年仅为 97 万人；2003 年去图书馆的人数总共为 3 470 万人，而 1994 年仅为 550 万人；2003 年借书量为 3 480 万册，而 1994 年仅为 1 010 万册；仅数字图书馆服务 2003 年就有 200 万的登录，900 万的页面浏览。读者也很满意图书馆的服务质量，抱怨率从 1999 年的 0. 3 ∶ 1 降到 2002 年的 17 ∶ 1；图书馆的读者满意指数也从 1999 年的 3. 63 提高到 2003 年的 4. 24，超出了公共部门 4. 0 的基准指标。

5. 对我国图书馆营销活动的启示

（1）图书馆营销活动是一项战略工程，需要进行整体的、系统的规划和预算，需要图书馆进行重新定位，图书馆内部员工、外部形象都要同时加强。在制定详细的营销战略时，要包括上文提到的环境分析、营销行为面向的读者群（用户群）、营销行为的目标、营销组合策略、营销效果的评估以及成本预算等几个方面。目前，我国图书馆在营销方面还没有全局的、系统的营销战略，只有零散的营销手段。

（2）我国图书馆在营销方面要注重利用电视、车体广告、报纸、期刊广告、广场广告等各种媒体，用广告这种吸引人眼球的方式宣传图书馆的营销理念、活动方式、方案、图书馆新技术手段等，激发读者的阅读需求，树立起图书馆在读者心中的品牌意识。

（3）图书馆营销要有组织机构的保障。正因为图书馆营销活动的战略性、系统性，我国图书馆要对图书馆的岗位进行调整设置，设立营销专员、专岗等，以便联络图书馆各职能部门，做好系统的营销工作。

（4）要对营销效果进行量化的评估。只有进行量化评估，才能检验出营销的绩效，才能使营销活动持续地开展下去，使图书馆工作充满活力。

（5）图书馆营销对于我国图书馆来说还属于一个比较新的领域，虽然出现了一些理论研究，但理论研究转化为具体的实践活动，中间还需要催化剂和平台，就像本文重点介绍的国际图联营销奖，它就是为了鼓励全世界图书馆的营销活动而设立的，为全世界图书馆的营销工作提供了一个理论探讨的平台和传递营销经验的机会。

我们总是喜欢将焦点集中在内部沟通，而忘了对外与顾客的沟通。——麦克法霖

第二章 图书馆的传播者和受众

站在图书馆视角看，图书馆传播，就是图书馆管理者和馆员通过传播媒介去传播有关图书馆的资源、服务、读者活动、空间与设施信息等，向社会传达一种观念，通过观念的建立，增进人们对图书馆的了解，认识到图书馆的各种功能，以及可能带来的种种好处，从而建立利用图书馆的信念和意识的社会行为。我们通常认为，开展传播工作的主体是负责宣传工作的具体人员。事实上，传播并不是一个部门、一个人所能够做好的，而是全体工作人员都应当配合、参与到其中的，在日常业务工作中应时时处处着重注意，例如，每一个馆员的着装就代表这个馆的形象。所以，本章将讨论传播人才队伍的培养。

第一节 图书馆的传播者

图书馆是一个系统，馆藏、服务、馆员和管理是这个系统中最基本的要素。这几个职能发挥好，才有利于图书馆的传播。

一、馆长是传播的首席专家

当今图书馆界需要什么样的图书馆馆长？有人会说，我们需要一个有能力的图书馆馆长，为职工谋福利，为图书馆谋发展，带领图书馆前进；也有人会说，我们需要有新思维的图书馆馆长，能够打破陈规开拓创新，展现一个振奋人心的新面貌；还有人会说，我们需要一个卓越超群的图书馆馆长，提升图书馆地位与知名度，让图书馆名闻天下。

图书馆馆长应该具备什么样的综合素质？由于目前国内没有固定的标准，研究者纷纷提出自己的见解。王秀认为高校图书馆馆长应在思想政治、道德、文化科学、管理水平等方面提高自己的素质修养。郭启松认为馆长首先应具有改革创新精神，这是发展和繁荣图书馆事业的需要；其次，馆长应讲求领导艺术，这是实现图书馆管理现代化的需要；最后，馆长应不断地提高基本素质，这是图书馆规范化建设的需要。邢宝凤结合多年从事高校图书馆工作的经验，认为高校图书馆馆长除了应具备馆员的基本素质外，还应具备两类知识（基础知识和专业知识）、三层理念（全局意识、责任理念和创新精神）和四种能力（学习能力、领导能力、沟通能力和决策能力）。蔡文认为图书馆馆长应具备的素质是较高的思想觉悟、良好的道德品质、较高的文化水平、较强的业务能力、良好的心理素养、广泛的兴趣爱好、健康的体魄等。李仲光认为图书馆馆长应具有勇于适应社会的发展而不断进行自我调整、善于科学决策、勤于应变创新、工于规划控制、精于组织指挥等方面的素质。

但是，这么多定义中却没有馆长是一个传播者这一说法。这可能和我们图书馆管理体制有关，因为图书馆是政府拨款单位，不需要对外筹集资金，所以也就不重视图书馆的传播吗？或者说，图书馆界还没有充分意识到，对外传播自己的重要性，或者说，图书馆做了很多工作，已经包含了很多传播，只是具体的传播工作由负责新闻宣传的人来做即可吗？

无论对未来的图书馆馆长有何种期望，以下几个方面都是必须具备的：

（1）善于管理与决策。图书馆馆长作为组织的高层，首先应当成为管理者，善于管理图书馆的各种事务，布置各项任务。作为馆长，比管理更重要的是决策。我们看到，一些图书馆长由于管理和决策不到位，产生了一系列问题，积累下来，就是导致图书馆队伍不团结，发展不景气。如馆长不愿决策，常常将决策推给上级或下级，究其原因，或不懂决策，能力不足，或胆小怕事，不愿承担责任；或馆长个人决策独断，缺乏科学决策和民主决策，决策过程不透明，个人说了算等。

（2）有领导艺术和战略思维。管理大师彼得·德鲁克（Peter F. Drucker）曾经说：管理即沟通。作为图书馆的馆长如何理解管理，理解沟通呢？从根本上说，馆长是一个领导者，对内沟通是管理，对外沟通就是传播。对一个图书馆负有管理和决策责任，实施图书馆运行与发展的领导者，不是仅仅靠权力来维持图书馆的发展，更像一个艺术大师，把一个图书馆带动起来，带出干部，带出馆员，让每一个图书馆人受益，这就是图书馆长的使命。

（3）有对外沟通和传播的意识和能力。在对国外馆长研究的基础上，一些学者对中美图书馆馆长进行了比较研究。方太强对中美大学图书馆馆长做了分析比较，认为从知识结构看，我国各大学委任馆长时，比较注重学历，把一些学术上的权威委任为图书馆馆长，但忽略了把一些有管理才能、经验丰富的图书馆馆员提到领导岗位，而美国自 1974 年起规定大学馆长必须是图书馆学院毕业的人员才可担任。图书馆馆长是图书馆的最高行政领导者，是全体馆员开展行政业务活动的带头人，是图书馆工作计划的制订者和组织实施者，是图书馆群体的教育者，是图书馆集体的代言人，是图书馆群体利益的代表者和维护者。他对图书馆的全部行政和业务工作负总责，并拥有最后决定权。所以，馆长在塑造图书馆形象系统工程中起着他人不可替代的运筹决策、带领引导、设计规划、组织协调和示范作用。馆长的这种作用不仅是关键性的，而且是决定性的。从这种意义上讲，图书馆形象塑造的优劣，主要取决于馆长。这就要求馆长在塑造图书馆形象这一系统工程中，首先要塑造好自身形象，并通过良好的自身形象在馆员和读者中发挥其示范作用。其次要认真履行馆长职责，带领引导全体馆员用实际行动来共同塑造良好的图书馆形象。再次要坚持民主集中制原则，在广泛民主的基础上，科学、果断地集中，用集体的智慧搞好图书馆形象设计规划。最后要组织协调好各种关系，充分调动各方面的积极性、主动性和创造性，运用合力按照设计规划好的蓝图循序渐进、有条不紊地塑造图书馆的良好形象。

二、馆员是全过程传播的策划者和实施者

馆员是具体活动的执行者和传播者。馆员要从主题策划开始、到选择合适的主题邀请媒体采访，再到媒体版面的考量、栏目的设置、发布时机时段、传播效果评估的全过程管理，才是合适的传播。

1. 图书馆馆员的历史

无论是古代图书馆还是现代图书馆，都离不开馆员对图书馆的规

划、组织以及有效管理，馆员是图书馆一切工作的承担者和实现者，是引导读者走向智慧与力量的使者。图书馆馆员使用什么样的手法，采用什么样的态度为用户提供服务？显然，积极主动、热情友善的服务方式和态度较之消极被动、冷漠敌视的服务方式和态度更易获得读者的认同，专业而有效的策划更易取得良好的传播效果。

在西方，图书馆的入职门槛都比较高，要想成为一名图书馆馆员必须具有相关的研究生学历，素质都比较高，因此图书馆馆员在西方被誉为“博学家”。

在国内，由于种种原因，图书馆馆员素质参差不齐。国内图书馆一般都是财政拨款的事业单位，工作安稳、压力不大，尽管收入不高，但是从稳定性、规律性来讲，还是很不错的单位，尤其对女性而言更是不错的就业选择，因此，曾几何时，某些单位的图书馆被誉为领导干部“家属院”，一些女性觉得在这工作可以有更多的时间照顾家庭等。这部分业务水平不佳的人员一旦构成了图书馆的领导和中层管理队伍，势必造成图书馆的服务质量难以得到保证和提高，在很大程度上影响了人们对图书馆馆员的认识，导致图书馆馆员社会地位不高，馆员工作得不到社会应有的认可与尊重。

更重要的是，图书馆事业也如江海行舟不进则退。如今，我国图书馆已经不仅仅是一个文献收藏机构，它已经是一种以公共服务为目标的文化机构，越来越多的读者参与和读者满意才能体现图书馆的社会价值。读者需求的满足和读者服务是图书馆的生命线，而这种服务方式也逐渐变得主动、开放，服务范围也逐渐开始延伸，而服务的深度也从简单的文献服务到深层次的知识服务。而这也要求图书馆馆员职能的定位、服务意识、知识结构和服务能力应该提升，可以说图书馆馆员的服务意识、工作投入热情和馆员综合能力特别是传播的能力对用户服务水平具有直接的影响。原有的混日子的心态，显而易见不能适应当下图书馆发展的需求。

2. 图书馆馆员传播的现状

图书馆馆员传播的现状正在逐步好转。令人欣喜的是，近几年来，图书馆界学者以及管理者逐渐意识到了图书馆馆员人才建设重要性，一些图书馆在人才培养、吸引以及管理方面，积极借鉴国外先进理念，形成图书馆人才培养、引进和使用的良性循环机制，一支具有多学科的专业素质和现代化图书馆技能的专业队伍正在逐步形成，特别是适应广大读者的新媒体运用日益在图书馆领域普及开来，具体而言就是：图书馆开始通过建好网站、微信等平台及时发布信息，开展传播。努力建设有利于读者使用的网站，并努力根据资源、服务和概况建设专栏，通知公告动态，宣传片等对外传播。

以图书馆网站为例，图书馆网站等应方便读者，专栏栏目应包括：读者指南、图书馆宣传片、入馆讲座、常见问题、虚拟参考咨询、虚拟导游、入馆教育培训与在线考试系统、预约培训系统和预约参观系统等。

也可以按照以下思路来安排网站专栏内容：①了解图书馆：简介概况、读者须知、开放时间、馆藏布局、借阅规则和服务概览；②走进图书馆：视频展示、楼层分布；③使用图书馆：网上找书、上网指南、自助服务、电子资源、在线咨询和关注微博与微信等。要建立交流互动平台，开展网络虚拟参考咨询，如嵌入 QQ 实时咨询，把图书馆开通的官方微博、微信链接或二维码放置在专栏明显位置，增强与读者的交互，解答读者们在使用图书馆时遇到的问题或发布图书馆讲座等活动动态，建立服务品牌。通过社交媒体，读者可以直接与馆员对话，反映自己的心声；馆员可以发帖和回复读者留言，与读者进行互动，及时解决读者在利用图书馆过程中遇到的问题（见图 2-1）。

图 2-1　2018 年 3 月霍金和李敖去世时，浦东图书馆推送的文献传播

另外，一些图书馆开始加大数字化信息资源介绍，兼顾不同用户的信息需求。有条件的馆还设立英文版页面和入馆教育培训内容。

三、读者是图书馆的传播者

读者是图书馆的传播者。有人说，读者就是传播的受众，怎么是图书馆传播者了呢？这是因为，传播是一个信息互相交换分享的过程，读者在接收信息的同时，也会将自己的信息传递出去。例如，图书馆的馆藏资源建设传播可以让读者介入，因为读者想得到一本喜欢的书，需要去图书馆查询，如果查到了，他的需求就满足了，图书馆资源传播就进行了；如果书没找到，他可以利用图书馆提供的平台渠道实施网上订阅等，等图书馆采购到他所要的书籍后，就可以将此书作为馆藏资源进行下一步传播。类似的，图书馆的讲座展览等活动也可以让读者介入，由读者来讲课或者由读者来推荐专家讲解；图书馆服务的好坏也是读者在传播，可以说，图书馆让读者介入得越深，图书馆的传播能力越强。那么，读者如何成为图书馆传播者呢？

1. 读者介入馆藏资源、活动资源等传播

馆藏是图书馆本质特性之一。一定数量的文献信息是图书传播活动得以开展的基础。只有文献信息达到一定的规模，并在学科结构、文种结构和复本结构等方面相对用户需求达到一定的程度时，传播活动才能得以有效地展开。从理论上讲，藏书的数量越多，质量越高，传播活动更能取得效果。任何时候，馆藏都是图书馆不可或缺的生存与发展资源。无论是传统馆藏还是数字馆藏，它们都是人类智慧的结晶，也是推动人类进步的力量。当我们步入图书馆，通过它丰富的馆藏，如同穿越时空隧道，脱离了一切羁绊，在知识的海洋中遨游，体验书籍带给我们那无奇不有且多姿多彩的世界。

我们以内蒙古自治区图书馆为例。馆藏传统上是馆员负责采购，采购的标准，更多是依据书单、排行榜等，读者被动性强。其实，让读者参与选书也是传播的重要内容。图书馆负责采、编、藏，读者用借书证去借阅，是全世界图书馆通用的运转模式，内蒙古自治区图书馆首创的“彩云服务”就将流程来了个“乾坤大挪移”——把处于流程最末端的读者提至最前端，让读者成为图书采购员，所选新书可以作为图书馆馆藏图书（见图 2-2）。

2014 年 5 月，内蒙古自治区图书馆与内蒙古自治区新华书店总店、新华书店内蒙古自治区图书馆分店（内蒙古自治区图书馆馆内）、内蒙古自治区博物院书店、北京西单图书大厦 4 个试点单位联盟，共同推出“彩云服务”创新实践活动，只要在这些地方选到新书的读者在书店柜台刷读者证、输入密码，就算为图书馆采购了图书。书店工作人员对所购图书盖上图书馆印章，贴上条码和防盗磁条，通过光笔扫描转换后，系统自动将图书编目信息上传到图书馆的书目数据库，完成图书馆编目业务操作，读者即可将图书带走阅读。在所借图书归还期之前，读者通

图 2-2 内蒙古图书馆的“彩云服务”

过图书馆自助还书机即可还书。该馆馆长李晓秋说：一系列操作结束后，读者还书后系统会自动提示图书馆工作人员进行图书入馆编目并最终入藏流通。图书馆要做的就是每个月和书店结一次账。

该服务推出一年来，受到不少读者的追捧。例如，一位叫周曙光的读者是在电视上了解到内蒙古自治区图书馆“彩云服务”的，怀着半信半疑的心态，趁着周末去该馆办了一张读者证，并到内蒙古自治区新华书店一探究竟，在畅销书书架上，他很快找到了自己喜欢的书，在出口处，他选的新书被扫码后神奇地成了借阅图书。出了书店，他感慨地说：以前懒得去图书馆借书是因为总借不到最新的书，现在好了，在书店随自己选就可以借出来，真的有种图书馆主人的感觉。而喜欢在书店泡上一天的李晓丽则体会到“彩云服务”的最大好处是，不仅可以在新书投资上省下不少费用，而且看书积极性也提高了，原来买回去的新书总因为各种原因被束之高阁，现在成了外借图书并有了还书期限，自己的读书时间变得紧凑起来。

读者进行的新书发布、捐书、赠书、读者举办的各类读书会等，都是图书馆的传播，这里不再一一列举。

2. 服务读者的质量决定着图书馆的传播效果

传播效果是通过图书馆服务读者质量实现的。图书馆的价值是通过服务来体现的，所承载的智慧与力量也是通过图书馆服务来传承的。狄冬梅在《浅谈图书馆的智慧与力量》一文中指出，从其发展历程来看，图书馆经历了传统图书馆、复合图书馆、数字图书馆以及智慧图书馆 4 个阶段，图书馆服务也相应地经历了从封闭服务到开放服务、传统服务到信息服务、知识服务到智慧服务的变化，呈现出多种服务并存、服务方式与理念不断变革与创新的局面。很多人认为图书馆服务就是图书的借借还还，很琐碎、细微，没有什么技术含量，谁都可以来做。但是，在新技术不断出现的今天，图书馆已不再是传统意义上的文献收藏地，而是传统图书馆与高度智能化数字图书馆的有机结合与创新。

对服务质量的开创性研究始于 20 世纪 80 年代初，芬兰市场学家克里斯蒂·格罗鲁斯（Christian Grönroos）根据认知心理学的基本理论，提出了顾客感知服务质量概念并详细研究其构成。他将顾客感知服务质量定义为顾客的服务期望与实际服务绩效之间的比较，即当实际服务绩效大于服务期望时，顾客感知服务质量是良好的，反之亦然。美国学者斯泽曼等将感知服务质量定义为消费者（用户）内心对产品或服务卓越性的主观评价。美国质量管理专家朱兰博士从用户视角提出著名适用性观点，即质量是一种适用性，这种适用性体现在产品在使用过程中满足用户期望的程度。这种全新的质量观突出用户需求属性和市场方向性，在一定范围内反映了质量模糊属性，在强化用户评断心理活动因素、弱化规格条件同时突出了服务质量的模糊属性。

在互联网、智能技术以及个性化服务的驱动下，图书馆服务已经不再受时间和空间的限制，任何时候都可被读者感知。如今的图书馆服务，依托专业馆员，通过智能业务管理平台和信息素养培训，高效、广泛地培养高素质读者；通过可感知的智能环境设施、智能信息存取技术和智能数据分析，为读者提供无处不在、形式多样、主动灵活的智慧服务。其实智慧服务并不是一个新名词，程焕文老师在20世纪80年代末就将“智慧与服务”作为中山大学图书馆的馆训，他认为：智慧与服务乃知行合一之完美，二者相辅相成，相得益彰，不可分离。崇尚科学、追求真理、自强不息是智慧之要义，忠诚事业、淡泊名利、牺牲奉献是服务之旨趣。智慧是知识技能之结晶，服务是人生价值之升华。智慧因服务而无穷无尽，服务以智慧而光彩照人。美国钢铁大王安德鲁·卡内基认为图书馆服务能够让光明照耀万众，因此他将自己一生财富的22%都用来捐资建造图书馆。

程焕文教授和卡内基所提到的关于图书馆的话，体现了图书馆服务更多的人性化特征，告诉我们图书馆的服务是一种有品质、有价值、有智慧的服务，使每个步入图书馆的读者通过图书馆提供的服务，获得前辈哲人的智慧宝藏。

3. 服务读者的过程就是传播的过程

图书馆为读者服务的过程就是传播的过程。服务是一项综合的工作，涉及方方面面，但是服务的目的只有一个，那就是有利于读者。以书籍借还为例，对于读者来说，能尽快挑选到所需要的书籍，需要开架式的借阅服务，需要自动化的借阅服务，需要逾期提醒的服务等。我们这里主要讲四种服务。

一是对读者的教育和培训。可分为线上和线下两种。其中，线上是指建立内容丰富并持续更新的新读者专栏。设置新读者专栏的目的是为读者随时查阅和了解图书馆的资源和服务提供帮助，是持续性教育的保证。服务对象也从新读者扩展为任何需要学习了解图书馆资源、服务和概况的读者。把这些内容全方位立体化地展示给新读者，使他们轻松了解图书馆和喜欢上图书馆，同时避免培训人员的重复讲解和因水平不均衡导致的差异，从而提高入馆教育效果，传播了图书馆。

二是建立馆外流通体系，方便借阅。方便是公共图书馆服务的本质。根据国际图联公共图书馆建筑标准，公共图书馆的布局要达到以下要求才能方便居民利用：在城市内主要居民区，通常离图书馆 1.5 千米左右就要设立分馆，3~4 千米左右就需设立一个较大的图书馆。目前，全国绝大部分城市公共图书馆服务网点建设与国际图联的要求还有差距，由于路途遥远许多市民无法利用图书馆的资源。开展馆外流通服务，把图书送到居民身边，使远离图书馆的居民也能享受到图书馆的服务，不失为改善图书馆服务网点不健全的现状的有效方法。

三是推动阅读辅导。所谓图书馆阅读辅导，就是图书馆馆员针对读者的不同年龄、文化水平、职业、个人兴趣和爱好等情况及不同的具体要求，及时了解读者的阅读倾向，研究分析读者的阅读心理，掌握熟悉读者的阅读欲望。通过自身的努力，最大限度地满足读者的需求，从而进一步提高读者服务工作的水平。

辅导读者利用图书馆通常包括个别辅导和集体辅导两种方式。大多数情况下，以采取个别辅导的方式为宜，有时也采取集体辅导的方式。辅导的内容包括：介绍各种类型的图书馆，图书馆的分布和设置，各种图书馆的性质、藏书特点，借书处和阅览室的各种规则及各种服务方法等。

对读者使用图书馆目录进行辅导，适用于没有实现图书自动化管理的图书馆。它主要是帮助读者了解图书馆读者目录的种类、各种目录的作用及反映藏书的范围，目录卡片的著录事项，索书号的组成及组织方法，各种目录的组织体例，检索使用方法，借书单的填写方法和要求等。

图书馆馆员重点向读者介绍每种工具书的性质、特点、使用范围以及编排、查找的方法等，还要辅导读者在碰到问题时应当利用哪些检索工具书来解决问题。辅导读者使用文摘、索引等二次文献资料，这样可以使科研人员花费较短的时间，检索到大量的、有用的文献资料，迅速而准确地查到与自己研究课题有关的国内外的科学技术发展水平以及今后的动向等文献资料的线索。

指导读者阅读包括两个方面：一是阅读内容的辅导。对于一般读者，重点向他们推荐优秀的、有利于提高他们的文化水平、增进科学技术知识、提高工作能力或业务水平的书刊。对于科研读者，则主动提供他们所要的各种书刊资料，积极推荐反映最新科学成就的书刊，利用各种书目、索引或检索性刊物，解答他们在阅读或研究工作中遇到的问题；二是阅读方法的辅导。就是帮助读者制订系统的学习计划，指导读者学会做读书笔记、读书卡片、读书心得以及科研方法的训练等，从而培养读者良好的读书习惯，提高阅读效率。

四是更多采用自动化设备完善借阅服务便捷性。我们这里以张家港市图书馆自动化借阅系统服务来说明。张家港市少年儿童图书馆率先在全国县级市公共图书馆系统中，采用图书馆自动化指纹借阅系统。该系统主要面向 8 周岁以下的儿童，由于符合儿童的心理和生理特点，一经推出就受到了小朋友的热烈欢迎。在自助借还机屏幕上点击“绑定指纹”，显示“请选择借书证类型”，这时拿出市民卡，在“刷卡区”刷卡，把任意一手指放置在“指纹读取处”，连续 3 次正确采集同一指纹，指纹绑定就完成了。刚满 3 周岁的金豆豆小朋友，在工作人员的帮助下，体验了一把指纹借阅，成功借到一本故事书后，她举着手指兴奋地跟妈妈说：我明天还要来借书，还要带好朋友一起来。

据张家港市图书馆副馆长徐梦华介绍，这套指纹借阅系统由该馆组织技术骨干自行研发。为了吸引小读者，自助借还机被设计成了卡通的造型，操作台离地面也仅有 50 厘米左右，方便小读者操作。小读者只要凭自己的市民卡上线，根据屏幕提示录入指纹，就可以完成图书借阅、归还等手续，使用起来十分便捷。由于无须市民卡，家长也不用再担心孩子们丢卡。

不同于以往借书过程需要在家长或者工作人员的帮助下完成，只要自己动动手指就能借到想看的图书，对于小朋友而言，是一种有趣的体验，也大大增加了他们对借阅图书的兴趣。指纹借阅的推出有利于吸引儿童走进图书馆，激发他们的阅读兴趣，从而养成良好的阅读意识和习惯，是我们传播图书馆的又一有力举措。

四、各类社会组织是图书馆的传播者

读者是图书馆的传播者，但是还有一部分“读者”，他们或者是政府，或者是企业，或者是图书馆业界，或者是其他社会组织，他们也是图书馆的传播者。

例如，图书馆理事会是社会的传播者。以上海浦东图书馆为例，2015 年 3 月浦东图书馆理事会成立，13 位理事会成员中有文化学者、学校校长、企业代表、微博博主、公益人士等，汇集了社会各领域的专业人士。13 人中有 11 位是社会代表，既有图书馆业界的专家，如上海纽约大学图书馆馆长张宁；也有市民所熟知的浦东各领域知名人士，如“happy 张江”微博博主朱蕾、前国家女排队长李国君、上海市建平中学校长杨振峰、中国商飞公司企业文化部部长魏应彪等，这一构成，就是一次极佳的向社会传播图书馆的过程，而且在各位理事开展其他非图书馆工作的同时，也会进行图书馆传播。

例如，中国图书馆学会及其专业委员会，以及其他各个图书馆每年年会进行各类学术论坛讲座，有面向业界的，有面向社会的，实际上图书馆就从文化、教育、科技等社会各领域接触到很多专家学者，也为自身传播奠定了扎实的社会基础。

例如，现在图书馆纷纷进行总分馆体系建设，积极拓展与院校图书馆、中小学、驻区部队、企业、工业园区、金融城区和科研院所等合作建设延伸服务点，构建了覆盖全区的阅读推广服务体系，也在积极有效地对外传播。

例如，图书馆在阅读推广实践中，探索以不同的合作联盟形式开展活动项目。在读书节、大型活动与重点品牌建设中，通过组委会的形式跨界融合。如“问道教育”是以组委会形式，联合《新闻晨报》社、上海健生文化教育、昂立教育等单位共同打造的一个文化系列品牌；“浦江学堂”是与著名文化学者鲍鹏山教授共生共育的一个课程化文化品牌；少儿活动已形成了与儿童文学作家、出版社、悠贝亲子图书馆、故事妈妈工作室等专业机构合作的机制；数字体验区则是我馆联合浦东文化传媒共同打造的，汇集了喜马拉雅 FM、狂龙数码、卓宝信息等科技公司。

第二节　图书馆传播受众

在图书馆的传播中，没有受众，图书馆便成了无源之水、无本之木。当代中国的公共图书馆逐渐转向社会效益驱动的运行模式，最直观的改变将是，从强调图书馆“有”什么，改变为强调图书馆能做什么和做到了什么。这种转变，无疑将给图书馆带来一种前所未有的活力。

图书馆的效益是由读者的利用而体现的，因此，社会效益理念驱动的图书馆服务将立场确立为“一切以读者为中心”，就是最大限度地满足读者的需求。所以，我们必须重视受众在图书馆传播中的作用。其次，受众又是信息实现的归宿。没有受众，传播就无法进行，就失去了对象和目的，受众对信息的接收情况决定了价值的实现和实际效果的实现过程。现在，我们看看受众是谁。

一、受众是谁

1. 不同领域对受众的解读

我们称看报纸的人为“读者”，到图书馆的人为“读者”，听广播的人为“听众”，看电视的人为“观众”。把他们放在一起，统称“受众”。受众指的是信息传播的接收者，包括网民。受众从宏观上来看是一个巨大的集合体，从微观上来看体现为具有丰富的社会多样性的人。早些年，我们习惯称信息的接收者为“听众”；今天互联网时代，我们则喜欢在更多的场合称他们为“受众”“用户”和“消费者”。虽然是称谓上的变迁，但实质上折射出的却是传播接收者在节目传播与接收过程中角色的转变。“受众”“用户”和“消费者”意味着受众改变了原来的被动接受方式，而开始有选择地主动并且积极分享节目心得。一旦有了受众的区分，就会重视对受众的研究、分析，目的不仅是要了解受众的人口统计资料，如年龄、性别、职业、教育程度、消费习惯和生活方式等，还要了解受众的心理统计资料，如兴趣、爱好等。

在商业领域，我们更喜欢将受众称之为客户或者潜在客户。为了赢得客户，企业就必须识别顾客的需求和欲望，确定某个组织所能提供最佳服务的目标市场，并设计适当的产品、服务和计划方案以满足这些市场需要。

营销理论被引入图书馆领域后，一个极大的好处是，图书馆意识到简单的宣传推广解决不了图书馆的根本问题，“宣传推广”是我来做，“营销”是“顾客”的需求来做，一个主动，一个被动。同时，图书馆和馆员不仅要关注读者，也要关注潜在读者，不仅要提供“产品”，也要考虑“产品”的销路和实际效果，不仅要考虑我怎么说，也要考虑对方是否真的接受信息等，所以，图书馆传播就可以大有作为了。但是在图书馆领域，我们一般不叫受众，而是叫读者；对于那些没有到馆的受众呢，一般称之为潜在读者。

2. 读者正在变成用户或受众

电脑和互联网的出现，解决了很多问题，如图书馆实时知道了哪些受众是借阅图书的，哪些受众是浏览图书馆官方网页的，哪些受众是下载图书馆数字资源的，哪些受众是微信参加图书馆讲座的，哪些受众是点击了公众微信号上的信息的等。因为受众对某一具体事物感兴趣的程度，会在后台即时反映。这时，受众也许没到图书馆，但却是和图书馆发生了一定的关系，如果称之为读者，尚显不足，如果称之受众或潜在读者，或者是用户，倒是更加确切。还有，互联网是最真实的世界——你的每一个行为习惯，都会忠实记录在你的电脑（手机）或者服务器里。用一句话来形容，图书馆也许不知道读者是谁，但知道使用图书馆的用户是谁。

二、图书馆传播受众的心理与分类

1. 受众有哪些心理呢？

（1）从众心理。这里要提到一个重要的概念：舆论。因为读者是容易被舆论引导的，从而形成从众心理。舆论是公众的意见或言论的情绪表达。从作用上讲，舆论对个人和群体组织具有强大的约束力和影响力。人们在单位、在家里议论它，甚至走到大街上也会听到它。人们处处感受到它的存在，摆脱不了它所产生的刺激，因而它就能形成一种声势。这种声势的作用是非常有力的，甚至可以用“千夫所指，无疾而亡”来描述。重视舆论，古已有之。西周时，周王设置了采诗官，其主要任务就是到民间采诗。采诗官“振木铎徇于路以采诗，献之太师，比其音律，以闻于天子”。天子则“命太师陈诗以观民风”。所谓观民风，就是了解国情、民情，以调控施政得失。

随着自媒体的发展，信息传播的便利，越来越多的读者更有机会来认知图书馆，理解图书馆，传播图书馆。所以，读者以及潜在的读者都是图书馆的受众。图书馆只有不断地前进，努力影响一批忠实读者，形成一种正面积极的舆论与口碑，才能赢得更多读者的信任和喜爱，从众心理才会发生作用。

受众容易受舆论影响，传播的价值才得以凸显。传播学者戴光元等在其主编的《传播学通论》一书中曾谈道，传播是人类社会关系内部的一种凝聚力，是社会成员交换信息相互作用的过程。那么，在图书馆传播出信息之后，交换信息的另一方受众是如何反应的呢？

按照西方学者的观点，受众可能会根据媒体的内容和大众的舆论去判断事情的发展，这就是所谓的“拟态环境”理论，也就是说，现实世界太大太复杂，我们无法亲身感知所有的世界，只有依靠媒体传播去了解，因此媒体所展现的世界就成为一个虚拟的环境，它大多数情况直接决定受众视野和见识的多少，影响到受众的判断。这些我们前文已述。

对图书馆而言，尽管目前图书馆越来越重视传播，但对于受众而言，也许无法到达并深入了解每一个图书馆，我们很多是通过媒体的传播，通过去过的读者口口相传及舆论，才知道一个附近图书馆的运行情况。

（2）好奇心理。读者是好奇的，尤其对新书、新事物好奇。图书馆要常变常新，不断推陈出新，赢得读者支持。这就要求图书馆适应受众习惯开展传播。作为信息传播活动中的接受者，受众只有感觉到传播方式与其有一定的关联和接近性时，他们才会给以更多的关注。目前一些图书馆的宣传形式还是停留在开辟宣传栏，张贴宣传标语，内容也主要局限于馆藏文献资源的介绍，图书馆规章制度的说明等，宣传风格单一，模式化、概念化严重，与当下读者尤其是年轻读者的经验不相符合，难以吸引读者的注意力。图书馆必须要改变以往这些刻板的宣传方式，选择读者喜闻乐见的形式。例如，当下学生的生活学习经验具有明显的时代性。他们充满青春活力，喜欢求新求异求变，对社会中出现的新鲜事物和新理论新观点表现出浓厚的兴趣。针对学生读者的宣传推广就要充分考虑这些因素，宣传设计上可采用大胆用色、醒目标题、简洁内容、俏皮语言，在传达文本内容信息的同时更拉近与读者的距离，消除读者进馆或者与馆员沟通的陌生感。

2. 受众四类型

（1）读者是想当然的受众。受众的口碑会形成一种舆论。有些读者从受众者变为传播者，在后面会讲述。读者来到图书馆，看到图书馆的服务，感受其服务，借阅到他想要的书籍，听过他想要听的讲座，看了他想要看的展览，还能停车、吃饭、喝咖啡等，这些带给他什么样子的感受，就是受众的感受和评价。也许，这位受众或读者再也不来了，或者觉得好而选择再次来馆。总之，受众看到的、理解的事物，他会进一步表达出来，成为一种传播方式，影响自己和家人，以及朋友，甚至通过自媒体，扩散给更多的人知道。

（2）政府和企业以及其他机构也可以是受众。例如，有的科研能力较强的图书馆为政府和企事业单位做的决策参考服务，由于有大数据的支撑，加上科研人员自身的素质和努力，就有可能写出很好的参考报告，为政府决策提供帮助。这样，政府和企事业单位也会对图书馆的认识进一步加深。这方面做得好的是上海图书馆（上海科技情报研究所），他们的查新工作站在做好基础查新工作的同时，还进行深层次的学术研究，不断拓展服务范围，在业界形成了很好的口碑和影响。

（3）志愿者队伍也是重要的传播受众志愿者，是基于社会责任及义务，自愿贡献自己的时间、精力、技能，为促进社会的改善和发展，无偿参与社会服务的人员。引入志愿者服务一方面可以缓解图书馆人力资源不足的困境，另一方面也提供了公众参与图书馆服务与管理的好途径。在社会上倡导志愿者服务，这本身就是一种宣传。志愿者往往来自五湖四海，各行各业，有着极强的广泛性和覆盖面。如果图书馆在志愿者招募、培训、工作安排和激励措施等方面，更多阐明自己的理念和服务，就会取得更多受众的支持，也都体现出图书馆传播的功能。

（4）图书馆行业的专家和馆员也是受众。图书馆由公共图书馆、高等院校图书馆、科研机构图书馆、党校/行政学院图书馆、中小学图书馆、企业/工会图书馆、专门图书馆等各级各类组成，业务之间或多或少地存在一定的联系。在行业规范、读者服务及业务的发展等方面，会有一定的国家省市一级的考核要求，所以，图书馆这个业界，也是图书馆传播的重要对象。

三、图书馆传播就是构建与读者的关系

现在很多图书馆存在的问题是，读者关系研究在图书馆界没有很好地开展。图书馆关注的是如何在馆内为读者提供优质服务，而很少重视读者关系的维护，没有构建读者关系的管理体系。

1. 什么是读者关系

读者关系管理是指图书馆通过完善的读者服务、富有意义的读者沟通和深入的读者分析不断了解读者需求，持续改进服务，求取读者最大化的满意，最终实现提升图书馆竞争优势的一种管理理念。可从三个层面来理解：(1) 图书馆的价值不是藏书量的多少，而是读者利用图书馆的资源创造的价值。读者关系管理目标是尽自己最大的努力，争取让每位读者忠诚于图书馆；（2）读者关系管理的手段是主动了解读者、分析读者及系统管理读者。要达到读者满意的目的，要知道有什么读者、读者有什么共性与个性需要，哪些读者没来图书馆，原因是什么等，读者这些信息不会轻易得到，需要主动收集、归纳，为读者关系管理提供科学的依据；（3）读者与图书馆的关系是互需、互动、互信与互利。互需：图书馆工作需要读者的参与，让读者时刻体会着图书馆的服务，读者满意了，自然对图书馆就有依赖性。互动：使图书馆与读者更多交流，读者有什么需要，图书馆会及时知道。互信：使图书馆了解读者，为每位读者提供贴心服务，让每位读者满意，从而使读者也更了解图书馆。互利：读者满意了，图书馆的价值也就体现了，二者互惠互利。

2. 培育读者、留住读者

让受众变成读者是图书馆一大严肃而又重要的课题。

这里可以从报业市场如何吸引读者中取得一些经验和借鉴。2005年10月，王晓英在《探索与争鸣》杂志上发表《没有永远忠诚的读者——关于加强受众研究的一点思考》的文章，她从一个媒体人的视角指出，报业市场的现实是无情而残酷的，读者是挑剔的，不同的读者有不同的需求，不是所有新闻都拥有读者……一般情况下，每个读者同时具有多种优势需求，但这种优势需求又处在不断地变化发展之中。随着年龄的增长、文化程度的提高、社会职业和收入水平等因素的变化，原有需求满足了，又会产生新的需求。特别是近年来，随着社会经济的发展，人们对精神文化的需求更加多彩，需要的链条不断向新的精神文化消费领域延伸，形成新的报刊细分市场，如高尔夫读者群、私家车主读者群、经纪人读者群、自助游读者群、探险读者群等。

王晓英从媒体角度看读者，这一情况何尝不适用于公共图书馆呢？图书馆也没有永远忠诚的读者。受众可以成为图书馆的读者，但是，这个“读者”身份不是一成不变的，如果图书馆不适应社会的发展和读者的需求，就会很快将现有的读者变成受众——他知道有这个馆，但是他不来图书馆了。这就是受众和读者的双向转换关系。

3. 图书馆应该构建怎样的读者关系

图书馆首先要定义读者工作，帮助读者理解其角色。在服务接触中，读者扮演着多种角色：一是求知者，即帮助自己获取知识、信息等；二是“兼职馆员”，即帮助他人，读者之间是互相影响的，如帮助寻书、互相推荐图书以及协助使用某设备等；三是评价者，读者不仅是服务的接受者，而且是图书馆服务质量的鉴定者，图书馆服务工作做得如何，读者最有发言权。图书馆应当帮助读者明确自身的角色定位和角色要求，并且以各种形式间接或直接告知其责任，帮助读者理解其角色。

我们也可以从媒体那里得到一些启示和借鉴。例如，一个报刊，必须首先确定自己的目标读者，我办报是给谁看的？《北京晚报》每年都要做一次读者调查，看读者年龄是否有所降低，看收入是否升高，看阅读结构是否有变化，看他是公费订阅还是自费订阅的读者。该报副总编辑宫异娟女士认为，读者的年龄在增长，则意味着没有抓住未来年轻的读者，因此要对来年的版面及栏目做相应调整。

图书馆满足读者需求不等于简单迎合需求，也不是迁就需求。这点图书馆与报刊是一致的。报刊参与市场竞争的实质，就是通过在适应和引导读者需求的过程中，有意识地培养读者阅读情结、进而实现培育市场、制造读者的经营目标。因此，成功的报刊都注重在文本质量上下功夫，以精彩的内容，深厚的文化底蕴，独到的表现形式，新颖的编排体例，读者感兴趣的热门话题等，激发出读者新的阅读欲望。久而久之，读者的思维轨迹、阅读口味等会有意无意地向报刊靠拢、倾斜，使阅读从一种可有可无的“即兴”式消遣转化为一定的内在需要，形成了特定的“阅读情结”，而“阅读情结”的形成，表明读者对这类报刊产生了一种偏好，从而自发地产生定向购买行为。同样，图书馆也有自己的读者群，要挖掘深受读者喜欢的活动，及时调整不受欢迎的活动，让读者不断地变得忠诚。特别要注意抓住读者的心理，一般而言，好的图书馆活动应该具备三个要素：有趣、有用、有益。只有被需要才会有价值。

4. 积极识别潜在受众

图书馆不能被动地了解读者需要什么，只关心到馆读者，对未到馆的读者漠不关心。有些潜在读者也是传播的受众。也就是说，他没来过某个图书馆，但是他会根据媒体的传播来判断一个馆，或者根据某个人的口述想了解这个馆。受众可能会根据媒体的内容去判断事情的发展，这就是所谓的“拟态环境”理论，也就是说，现实世界太大太复杂，我们无法亲身感知所有的世界，只有依靠媒体去了解，靠别人的口碑去了解，因此媒体所展现的世界就成为一个虚拟的环境也就是受众直接接触，它直接决定受众视野和见识的多少（当然是大多数情况），所以影响到受众的判断。

公共图书馆必须以为所有居民和社会团体服务为目标，因为任何一个人都有可能用到图书馆。有如下潜在读者群体：

各种年龄：

——儿童；

——青年；

——成年人。

有特殊需求的个人和团体：

——不同文化背景和种族的人，包括土生土长的本地人；

——残疾人；

——因故不能离开家的人；

——活动受限制的人。

在较广的社区网络里的机构：

——教育、文化和志愿者组织；

——商业社区；

——上级主管部门，如地方政府。

四、图书馆传播要“眼睛向下、向外、向未来”

图书馆一个很大的特点，也是图书馆传播的一个很大特点，就是需要“眼睛向下”（弱势群体）、“眼睛向外”（偏远地区和社区）。什么意思呢？公共图书馆从本质上是为大众服务的，如果眼睛不面对他们，图书馆存在的意义是什么呢？那些家中拥有书房的人士，很多不是图书馆服务的主体。在 2012 年 11 月 22 日召开的中国图书馆年会上，程焕文教授在一个分会场做了一个 20 分钟的演讲，只要这个世界还有学习的人，图书馆就永远不会消亡。如果没有图书馆，如何缩小社会的信息鸿沟，如何构建和谐社会，学生如何学习，学者如何治学？这些都是不可想象的。既然不可想象，大家就不要去想象图书馆的末日，全力办好图书馆就是了。

传播受众应重点关注青少年群体这个“未来”群体。2018 年开始实施的《公共图书馆法》，第三十四条明确规定：政府设立的公共图书馆应当设置少年儿童阅览区域，根据少年儿童的特点配备相应的专业人员，开展面向少年儿童的阅读指导和社会教育活动，并为学校开展有关课外活动提供支持。有条件的地区可以单独设立少年儿童图书馆。

从有关出版数据也可以看出，社会对青少年阅读的重视。中国少儿出版已经连续 17 年保持两位数增长，仅在 2014 年至 2017 年的 4 年间，童书总销售量增速就达 50% 以上，毫无疑问，这是超高速的世界级速度。全国 580 多家出版社中，出版少儿图书的出版社已经达到了 530 多家，其中只有 30 多家是专业少儿出版社。

对青少年读者要选好书给他们，什么是好书的标准呢？法国著名文学史家保罗·亚哲尔（Raul Hazard）建议孩子读这些书：

——忠实于艺术的书。就是诉之于“直观”，而得以培养儿童观察力的书，是孩子们读了也会觉得它具有质朴之美的书。

——可以解放儿童的心，使他们喜悦的书。这种书可以保护儿童，守住想象世界的幸福，避开现实法则的束缚。比如童话、寓言、神话传说、科幻小说等。

——能把人类高贵的感情吹进儿童心灵的书，使儿童尊重一切生命——包括动物的生命、植物的生命、森罗万象的生命。比如一些自然科学生命科学方面的书。

——承认游戏是重要的，不可或缺的活动的书。他认为，知性和理性的锻炼，并不是可以立即产生利益的，也不是能在实际生活中发生作用的。好的书应该不以立即的效果为目的，而且决不可把它当作目的。所以，可以让孩子看看一些趣味性的，游戏方面的书。

——启发儿童知识的书，帮助孩子认识人性——人类心情的书。它们能促进孩子们旺盛的成长力，使他们的精神圆熟，绽开睿智的花朵。比如一些传统美德故事，名人佳话，历史小说，英雄事迹等。

——含有高尚道德的书。这种道德是永远不变的真理，能让人类的心灵活泼起来、激奋起来，愿奔向真理的道德。

英国有一个“阅读起跑线”（Bookstart）计划，就是向每位新出生的婴儿送书。这个计划为英格兰和威尔士的每个孩子提供免费图书，在学龄前的两个关键阶段提供免费图书，并为有额外需要的孩子提供免费书包、共同阅读的技巧和指导、资源和活动等，共包括婴儿包、高级包、百宝箱、触摸图书包、蹒跚起步来看书活动、儿歌时间和双语资料七类面对不同年龄段不同层次、不同语言背景的儿童提供的，适合各自需要的阅读内容。

在德国开展的分级阅读也是很好的实践。由德国布里隆市图书馆馆长乌特·哈赫曼女士（Ute Hachmann）根据教育认知理论亲自设计的“阅读测量尺”活动，自使用以来受到全国的广泛好评，甚至成为一项国际性标准在很多国家普及开来。阅读测量尺分为赤橙黄绿青蓝紫以及粉红、桃红、橘红 10 段分别对应 0 到 10 岁的孩子。每个色段都会根据该阶段内孩子的心理状况和发展特性提供相应的阅读玩具、阅读书籍和育儿知识。

青少年是图书馆的未来，也是国家的希望所在。要推出适合他们的节目，吸引年轻人走进图书馆。例如，为感恩读者，回馈书友，2017 年 12 月 31 日晚，浦东图书馆邀名家，备笙箫，首次开馆至凌晨 0：30，竭力为书友们打造一个其乐融融、风雅别致的文化跨年夜。这次奇妙夜，主办方很担心凌晨的“敲钟”时刻，有多少人能够坚持？但是，出乎意料的是，很多孩子们是跨年的主力军。这和图书馆做的问卷调查判断基本一致：读者最满意的是图书馆的场馆环境、服务设施，对图书馆空间的价值比较认可，但是，很多家长希望能在活动举办方面有更多的奇思妙想，更加贴近小读者的需求。这次奇妙夜就在一定程度上弥补了上述的不足。今后将更多邀请名人名家，和出版社、书店、媒体等跨界融合推动阅读推广。

1. “眼睛向外”

那么，怎么才能为偏远地区、弱势群体服务呢？

以浦东图书馆为例，新建的浦东图书馆 6 万平方米。但 6 万平方米的面积还是满足不了 500 多万浦东人的阅读梦。浦东图书馆放眼散落在浦东各街道、乡镇、社区的 1 300 余家图书馆（室），探索实现总馆和基层图书馆（室）管理共治、资源共享，浦东图书馆总分馆体系由此应运而生。总分馆体系以服务人口、服务半径、读者需求为依据，实现图书资源统一采购、统一分配，工作人员统一培训、统一指导，服务统一规范，最大限度整合并优化图书资源配置，实现服务效益最大化。

2015 年，浦东公共图书馆总分馆体系又迈出重要一步：浦东图书馆与浦东 30 多所中小学共建中小学分馆，将这些原本“各自为政”的校内图书馆，转变为全区图书馆系统建设的重要一环。在这一打破校园围墙的崭新体系中，浦东图书馆不仅承担总体管理和协调统筹的职责，还针对中小学师生的文化需求及各分馆的实际情况，为每所学校开出了独一无二的配送书单。未来，浦东图书馆还计划向各校配送讲座资源，并逐步实现图书借阅“一卡通”。

被浦东图书馆记挂的还有革命老区大别山里与父母常年分离的留守儿童们。2013 年至今，借助浦东图书馆与大别山区六安市文广新局搭建的“候鸟书屋”项目，40 多家书屋像燃烧在大山的星星之火，温暖了留守儿童的心，上万名孩子通过阅读了解了山外丰富的世界。

浦东图书馆的服务不仅打破了物理空间的围墙，还通过拥抱科技与数字阅读技术，使“文化引领”行动飞向“云端”。2015 年 4 月，浦东数字图书馆正式上线运营，所有馆藏数字资源向读者开放，这一数字虚拟平台使该馆得以突破服务时间、空间限制，成为 24 小时向读者开放的数字阅读窗口。而 2016 年 7 月，位于该馆 6 楼的数字阅读体验中心正式开启运营，“耳机森林”“智慧阅读角”以及互动沉浸式阅读体验空间的引入，令读者从平淡的白纸黑字中解放出来，获得身临其境的阅读体验。阿根廷作家豪尔赫·路易斯·博尔赫斯（Jorge Luis Borges）曾说：“如果有天堂，那就应该是图书馆的模样。”对于未来的“阅读天堂”，读者或许已能在 6 周岁的浦图窥得冰山一角。

2. “眼睛向下”

图书馆传播也要注重向弱势群体特别是残障人士倾斜。残障人士，受制于身体的不便捷，更需要通过阅读和信息将自己与社会连接。基于“信息无障碍”理念，图书馆界学者赋予“无障碍”新的含义，即信息无障碍服务。图书馆信息无障碍服务的具体含义可以概括为：运用各种手段，借助各类技术，让所有人公平、无障碍地获取公共图书馆的资源和服务，核心内容是消除残障人士在获取图书馆信息和服务过程中的障碍。

2017 年 3 月 1 日，国务院发布《“十三五”推进基本公共服务均等化规划》，将有关残疾人基本公共服务的重点任务和保障措施的规定作为独立章节进行阐述，并专门强调国家文化体育机构应对特殊群体提供无障碍服务。公共图书馆作为保障公民知识文化权益的社会机构，有义务为包括视障者在内的弱势群体提供平等服务。

早在 2001 年，浦东图书馆就开始了对视障人士服务的尝试和探索。当时，国内虽然已经有部分图书馆为视障人士提供服务，但是效果都不尽如人意，再加上视障人群因为生理缺陷，长期脱离社会活动，获取信息的渠道有限，绝大多数都不知道图书馆是否会为他们提供服务，甚至担忧自身缺陷会给他人带来不便。在这样一个图书馆人与视障人群相互无沟通、无了解的尴尬处境下，浦东图书馆主动出击，率先打破僵局，在馆内划分专门的服务区域，采购和调拨盲人专用文献，并主动联系浦东新区残疾人联合会，通过他们的号召和组织，邀请视障人群到馆参观，以此建立视障人群对图书馆的信任。从 2002 年到 2017 年，浦东图书馆共举办了 43 期无障碍电脑培训班，结业学员近 500 人，越来越多的视障人士通过无障碍电脑培训班的学习开启了新的生活。浦东图书馆也在全心全意为视障人群提供平等服务的同时，获得了国际图书馆协会联合会（IFLA）ulverscroft 基金会颁发的最佳实践奖，这是中国图书馆首次获此殊荣。

图书馆不仅可以把视障人士请进图书馆，也可以联合社会各方走出去服务他们。例如，浦东图书馆和上海第二工业大学合作开展十余年的天使服务活动，就是图书馆传播的一张“名片”，天使服务队队员全部来自第二工业大学学生，是一个以助残为主的公益性组织，创办已有十年之久，学生走进视障人士家庭的交通费由浦东图书馆资助。每一位队员通过自己对残疾人家庭孩子的帮助，体现天使服务队的宗旨，越来越多的新生怀着对公益的热爱加入了这个大家庭，而受助的家庭也不断感受到社会的帮助和温暖，有的人说：天使服务队犹如雪中送炭般打破了原来我早已认命的一切，同时也让我发现了人生的价值；有的说为我紧闭的心房推开了一扇窗，让春风、阳光和雨露滋养了我这颗即将枯竭的心，使我重新找回了自信、活力、勇气和斗志等。

第三节　图书馆舆情引发的传播及应对

干好工作是做了一半，传播好工作是另一半，两个结合才是完整的工作。但是，既然是服务，就会有服务者和服务对象的矛盾。图书馆在读者服务中也会产生各种矛盾，处理得当，就会化干戈为玉帛；处置不好，甚至引发一些舆情，图书馆的良好形象就容易被“削减”。所以，做好图书馆服务中的舆情思考，是很有意义的一件事。

一、舆情应对是图书馆传播的有机组成部分

图书馆传播在当下，已经涵盖正面宣传、舆情处置、舆论引导、公共关系建设等丰富内容，传播渠道也已从传统的内刊到报纸、网络、电视、广播、新媒体齐头并进的新常态。所以，图书馆传播的理念方法也在发生着深刻变革，一名图书馆专职传播者往往集写作、绘画、摄影、摄像、编辑等功夫于一体；一名服务馆员既要懂业务，还要懂传播方式方法；既要懂本职工作，还要心怀大局；既要工作“出彩”，还不能“添乱”，这对馆员个人的素质要求越来越高。公共图书馆如何传播，以及如何舆情应对，是一个问题的两个方面。既要懂传播，也要懂应对，方是合格馆员。

1. 什么是舆情

伴随传播而生的，是舆情应对，是舆论引导。舆情是较多群众关于社会中各种现象、问题所表达的信念、态度、意见和情绪等表现的总和。在网络时代，网络舆情是以网络为载体，以事件为核心，是广大网民情感、态度、意见和观点的表达，而且带有广大网民的主观性，未经官方媒体验证和包装，直接通过多种形式发布于互联网上。

事实上，舆情的威力是巨大的，甚至可以说，我们做了100个好的正面报道，有时也抵不过一个舆情事件带来的负面影响。对于一名馆员而言，不懂服务规范，面对读者说了一句错话，做了一件不妥的事，变成“投诉”，“投诉”上了网络，就是舆情，可见，舆情的产生并不需要复杂的流程。大家知道，河南的一名干部就是说了一句“为党说话，还是为人民说话”，传到网上就引发了舆情；到贵州一位国土局长的

“我不是局长”也是这样。

2. 舆情危机

有了舆情并不都是舆情危机，平时服务工作中的口角矛盾，很多都可以当即解决。但是一旦冲突扩大，矛盾加剧，上了网络引发讨论，就是舆情危机了。舆情危机是指面对突发事件特别是负面事件时，作为主体的民众对作为客观存在的事件或现象表达自己的信念、态度、意见和情绪等，当这些信念、态度、意见和情绪积聚汇总，其舆论影响范围空前扩大，并给当事人和当事单位造成不好影响。图书馆舆情危机就是指民众对图书馆突发的不良状况或突发事件表达不满意见、态度和情绪所形成的危机。

二、舆情构成的环境、要素与规律

1. 舆情产生的环境

从大的环境来说，处在社会转型期的中国，存在社会运行机制转变、社会组织结构变化、利益群体调整、社会竞争加剧等社会问题，使得不少民众的心理结构失衡，紧张、焦虑、困惑和不满等社会情绪浮动，浮躁心理流行，如果图书馆自身保护不严格，制度不太完善，技术落伍就会引发舆情和舆情危机。而且在自媒体时代，人人都是信息发布者。从小的方面来说，公共图书馆作为公共场所，有的大型图书馆日均读者上万人，必然面临众多读者的关注。图书馆行业经过多次改革，特别是 2011 年《文化部、财政部关于推进全国美术馆、公共图书馆、文化馆（站）免费开放工作的意见》颁布以来，大部分公共图书馆具有纯公益组织性质，由于经济上的纠纷减少，图书馆的公益性已经避免了很多矛盾的产生，现在的矛盾更多是服务质量和态度等问题。例如，一些图书馆服务水平跟不上时代需要，在计算机网络服务上不通畅，一些地方不重视少儿图书馆建设，即使有少儿图书馆也是阅读环境差而影响了服务效能，或者图书馆方服务信息发布不及时，偶发的突发事件如邀请的演讲嘉宾缺席等。

2. 舆情产生的要素

网络环境下的图书馆舆情危机主要由突发事件、负面舆论、网络、大众传媒和网络读者 5 个方面的因素构成。越是现代化的社会，其脆弱性就越明显。例如，我们以为有了高速公路，就会让我们更快速地到达目的地，其实，在高速公路上一旦发生交通事故，很容易使其“瘫痪”。图书馆也一样，现在的图书馆越建越大，同时也会产生新的更多的管理服务上的矛盾。蒋春花指出图书馆存在六大矛盾：藏与用的矛盾、用户与信息的矛盾、现代化与人才紧缺的矛盾、馆员与读者的矛盾、馆员与馆领导的矛盾、馆员与馆员之间的矛盾等。这些矛盾在很小的图书馆，不会引发大的舆情；但是在一个超过 10 万平方米的图书馆，就更加容易发生问题，最简单的就是馆舍大了而且开架阅读了，同时找书就更难了，你也不知道电脑查询的有馆藏的这本书是不是在书架上，因为有可能被读者拿到阅览室阅读了等。甚至在一个大型图书馆，读者与读者之间诸如占座、排队等也会有很多矛盾，以及产生的其他诱发矛盾。

3. 舆情传播的规律

人性中具有天生的好奇心理，有调查表明，人们对负面信息的关注度占到总体关注度的 90.7%，中立信息占 8.1%，正面信息仅占 1.2%。网络舆论的产生、形成、发展和消亡过程做如下归纳：首先一定是现实社会中的某一热点问题或是某一现象引发网民的关注，之后借助网络的传播和放大作用，有更多的网民利用各种网络传播方式（论坛、博客、播客、各类即时网络通信工具）对该信息进行加工传递，逐渐形成一种或者数种观点鲜明的舆论；与此同时，网络的声音开始对现实社会产生影响力，引发现实社会的共鸣，网上网下产生互动导致网络舆论高潮的到来，而一旦热点转移或消失（包括行政介入、引导或干预），网络舆论将马上关注下一个热点问题。面对这些可能的隐患，图书馆一方面要提供优质高效的服务，一方面要认真思考如何应对。

三、公共图书馆舆情类型和应对原则

1. 公共图书馆舆情类型

（1）灾害和突发事件类：

① 突发灾害事故：火灾、地震、台风等；

② 日常管理突发公共事件：电梯停运或故障、停电停水、持刀伤人等。

（2）读者服务类：

① 读者突发疾病或摔伤，精神病患者到馆，读者丢失物品；

② 读者之间纠纷：读者之间的吵架如何处理；

③ 不文明读者破坏书籍、偷书、不文明阅览、个别性骚扰现象；

④ 图书馆大型活动管理：重大活动场地人员的疏散安全、讲座内容是否健康等；

⑤ 读者投诉过程中产生的矛盾：图书馆在处理读者咨询和投诉时的服务态度、交流沟通方式不妥中产生的新的投诉；

⑥ 为老人或儿童等弱势群体服务中考虑不周，如为老年人放映刺激性电影或者电影场地通风不畅引发的事故等。

（3）图书馆管理类：

① 服务环境、服务质量（管理系统、业务流程、规章制度不明确）；

② 馆员礼仪、着装和表达问题；

③ 计算机网络服务支持不够，或者网络应用系统造成的服务中断事件；

④ 流氓寻衅滋事。

（4）传播类：

图书馆传播的不当。没有换位思考，没有以受众读者的思维反视宣传工作，活动时间地点发布不清、活动报名方式模糊、活动内容不妥等。

2. 舆情应对的工作原则

（1）以人为本。图书馆作为履行公共服务职能的场所，应始终把公众的生命安全放在第一位，最大程度避免突发事件造成的人员冲突加剧或伤亡。在避免人员冲突上，我归纳为几句话：

遇到冲突先理情绪/旁边同事帮忙安抚/当班领导是你依靠/冲突矛盾善于上交/找个场地领导协调。

（2）预防为主。最大限度地避免人员伤亡，需要坚持预防为主，把隐患消灭在"前端"，要重视安全隐患的排查，重视安全隐患的教育，提高馆员和读者的防范意识，经常进行巡视、演习等常态与非常态相结合的准备工作。

（3）依法管理。对可能发生或者已经发生的事件所进行的预防、控制及处理，必须按照国家的法规政策为依据，使自己的工作规范化、法制化。

（4）快速反应。当有突发事件发生时，要按照预案能立即进入状态，在最短时间内控制住事态发展，尽量将事件带来的损害降到最低。

（5）各司其职。除涉及全馆的事件之外，每个部门都要思考自己可能发生舆情的风险点，做到心中有数。

四、图书馆舆情应对的传播策略

1. 理解图书馆的使命

图书馆服务不同于其他服务，它建立在公益基础之上，这使得其减少了很多的利益纠纷。即使如此，也不能掉以轻心，所以，馆员对服务的理念是否理解尤其重要。因为既然是服务，就不是“衙门”作风，不是权力和强制，而是来自内心对工作的认同和对读者的尊重。图书馆仅仅要求馆员微笑和热情服务是不够的，如果没有让他们建立服务理念，“微笑”服务是不持久的。图书馆的使命是什么，那就是服务读者，让图书馆成为市民的精神文化家园。作为馆员，可能记不住图书馆的很多的服务制度，但是一旦掌握了服务理念，其他的相对就好办了。“读者至上”是图书馆始终要坚持的理念，但是也不能生搬硬套，刻舟求剑。例如，在昆山发生的龙哥砍人事件，就需要有正当的防卫手段了。所以读者服务也是要具体问题具体分析，要把服务和管理，服务和馆员读者的诉求综合考虑，平衡各方关系，最佳的是做到读者与馆员、与图书馆良性互动，教学相长。

2. 做好图书馆危机管理的基础工作

这包括沟通管理、媒体管理、记录管理三个方面。沟通管理包括图书馆内部沟通和外部沟通，其主要内容包括沟通的对象、目标、原则等。例如，图书馆遇到节假日等要将开馆闭馆信息提前公开，多渠道公开，免得读者来回奔波。及早沟通有助于及早发现问题，避免沟通不力、沟通失误等情形出现。媒体管理就是要组建相应机构或指定专人负责传播工作，与媒体保持密切联系，及时发现、纠正媒体反映的问题，引导不利舆论议题发展等。例如，图书馆要及时收集类似大众点评等网络舆情，这样通过梳理服务工作的问题，防微杜渐，做到读者的问题及时解决。记录管理可以保存大量的数据、事实、文件等，可以作为图书馆危机管理的凭据和法律证据。例如，要记录一线馆员的现场巡视，服务部门每周要开一次读者诉求问题的窗口例会并做好记录，汇总分析读者写给馆长的信箱留言，做好现场读者意见本的解答反馈等。

3. 掌握政策法规

要学习《公共图书馆法》等文件，明确自己的责任。《公共图书馆法》第三十七、第四十九、第五十、第五十三条都规定了舆情的应对法律依据。例如，第五十三条规定：损坏公共图书馆的文献信息、设施设备或者未按照规定时限归还所借文献信息，造成财产损失或者其他损害的，依法承担民事责任。第五十四条规定违反本法规定，构成违反治安管理行为的，依法给予治安管理处罚；构成犯罪的，依法追究刑事责任。《侵权责任法》第三十七条：宾馆、商场、银行、车站、娱乐场所等公共场所的管理人或者群众性活动的组织者，未尽到安全保障义务，造成他人损害的，应当承担侵权责任。因第三人的行为造成他人损害的，由第三人承担侵权责任；管理人或者组织者未尽到安全保障义务的，承担相应的补充责任。

4. 了解读者需求，理解读者的批评与监督

图书馆开展的服务都是为了读者需要，事实上，每个读者都是具体的、个性的，馆员必须了解读者需求。读者动机基本有三类：一是充实和提高自己；二是解决生活工作中的实际问题；三是消遣和猎奇。馆员要根据需求分析，例如，近期读者关心的热点是什么，读者近期阅读倾向是什么？来馆读者有目的学习与无目的，有目的的如何解决？有目的的学习分为善于利用与不善于利用资源，我们如何帮助他实现目的？如果没有准备，馆员的服务就会引发读者的不满甚至反感，馆员也容易找不

到工作的价值。同样，要理解读者的批评、媒体和舆论的监督。不要恨读者曝光，不要怕媒体曝光。如果对读者、对媒体没有正确的认识，那么，很可能就把一肚子怨气撒在读者身上，可能就坏了大事情。我们把舆论监督看成改进工作的良方，就是一种好的心态。用户的一切过错都是有益的，如果这样去看，这就是方法问题，有助于我们问题和不足的改进。

5. 做好投诉读者的现场接待和媒体接待

凡事预则立不预则废，第一时间发现问题，才能抢占舆论先机，免得谣言满天飞后才去纠正。这就需要图书馆领导干部节假日等重大时间节点带头值班工作。公共图书馆的一大特点就是：在节假日更加忙碌，因为这时的读者更有时间来馆，服务引发的矛盾也更多。所以，领导干部要在这个时候站出来，把作息时间调整过来，把服务工作做到关键处，做到实处，并且针对服务的问题经常演练和改进。当然，图书馆作为一个法人机构，有自己的原则和规定，即使有不实的舆情，也不能因此不坚守制度和纪律。特别是遇到个别撒泼蛮横、扰乱治安、侮辱馆员的读者，馆方就不能姑息、不能迁就、不能退步了。

总之，为了实现服务受众这一目标，在舆情管理上，要考虑图书馆管理的方便以及馆员工作的方便都尽可能让位于读者的方便，比如，可以增加工作量而提升读者的单次借阅册数、增加管理的难度而允许读者在阅览室里喝水及吃一些简单的食物等。

一个图书馆不仅要“好看”，也要边做边说，边说边做。

第三章
图书馆的传播渠道

传承文化、推进阅读是图书馆的使命，图书馆的一切都应是传播的渠道。图书馆传播的逻辑是：提升图书馆服务的社会效益——开展传播——通过什么传播——传播以提升服务效益为宗旨。当然，从重点来说，我们把传播渠道定位在宣传推广、馆藏服务和馆员、活动组织策划以及建筑和空间四个方面等。

第一节 媒体和宣传

网络时代的到来，让我们的宣传渠道更加多样，“融媒体”趋势明显。融媒体是充分利用媒介载体，把广播、电视、报纸等既有共同点，又存在互补性的不同媒体，在人力、内容、宣传等方面进行全面整合，实现资源通融、内容兼容、宣传互融、利益共融的新型媒体。图书馆重点要在融媒体视角下开展公共图书馆传播，这可以包括阵地橱窗、传统媒体和新兴媒体等所有载体。不能以为网络发达了不需要阵地宣传了；也不要仅仅依靠电视、报纸、杂志等传统媒体宣传；而是结合网站、微博、微信等基于互联网技术建立的新兴媒体，开展融媒体传播。

一、传统传播渠道

我们最常见的传播渠道无非是广播电视、报纸橱窗以及新兴的网站微信等。在传播时，既要注重新媒体，也不要忽视传统媒体，如印刷品、橱窗展示、宣传片等传统宣传阵地和手段。这里重点举几个例子：

1. 印刷宣传品

制作宣传单、读者工作简报、各种专题介绍等纸质印刷宣传品，摆放在图书馆的各个服务窗口供读者自由取阅，这是图书馆较常采用的一种宣传方式。招式虽老，贵在不断创新。秦皇岛市图书馆通过编印《秦皇岛图书馆年鉴》，按时间顺序将全年的工作成果、经验总结、媒体报道、统计数字和获得荣誉等信息整理成册，展示出来，不但让社会公众看到了图书馆的“有所为”，便利了馆际间的工作交流，也让政府等部门看到了图书馆的工作成果。印刷品本身是好东西，但问题的关键在于及时更新，包括内容上不断更新，形式上不断更新。数量上也不一定要人手一份，图书馆可以将其放在玻璃镜框下展示，让读者知道图书馆的情况。这需要馆方安排专门的人去设计、维护和更新，一旦纳入制度化轨道，许多问题就迎刃而解。

自办刊物。现在一些较大的图书馆开始创办自己的学术刊物，还有些创办和读者互动的刊物，这就架起了和读者的一座桥梁，让读者参与阅读、分享阅读，也是很好的传播手段。自办刊物也是一件费力的事，需要馆方制度化的设计，才能有好的效果。例如，成都图书馆编写《喜阅》内刊，将读者对阅读的思考进行汇编和传播，实现了和读者一起分享的阅读之乐。

2. 媒体传播

广播、电视、报刊以及网络，其传播速度与影响力是无与伦比的（见图 3-1）。国际图联编印的《公共图书馆服务发展指南》建议“培

浦东图书馆3月活动推荐

【讲座】

一、主题：商鞅2

主讲人：鲍鹏山(著名文化学者)

时间：3月2日 14:00

二、主题：碘盐与甲状腺健康常识

主讲人：曲伸(上海第十人民医院内分泌及代谢病科主任、教授)

时间：3月3日 13:30

三、主题：德鲁克论创新

主讲人：曹阳(《商业评论》出品人)

时间：3月14日 14:00

四、主题：语言艺术创作及人生感悟

主讲人：丁建华(译制艺术家、朗诵艺术家)

时间：3月24日 14:00

以上讲座均领票入场。即日起请至浦东图书馆一层服务台领取入场券，领完为止，也可微博预约，http://weibo.com/pdlibggwh。咨询电话：50179665

【展览】

2012“寻根浦东”古迹摄影展

时间：3月8日—22日

展览内容：本次展览共展出以浦东的重要文物、革命旧址、桥梁建筑等为主题的“古迹”摄影作品93幅，分印象建筑、魅力古镇、寻梦故居、风情民俗、百态生活等5个篇章一一展出，把浦东的历史古迹和城市文脉作了生动展示。

【影讯】

3月2日《为了人民的福祉(第三、四集)》

3月3日《无价之宝》

3月9日《我们应该了解的传统》

3月10日《警察故事(一)》

3月16日《我们应该了解的传统》

3月17日《警察故事(二)》

3月23日《我们应该了解的民俗》

3月24日《警察故事(三)》

浦图掠影

3月30日《叶问》

3月31日《沙漠王子(下)》

领票方式：放映当日九点起在地下夹层依次排队领取免费入场券，每位读者限领1张。

放映地点：浦东图书馆一层东侧二号报告厅(如有变动，按放映当天实际地点为准)

放映时间：上午9:30

观影须知：请读者不要带饮料、零食入场，为了保证观影效果，请准时入场，入场后保持安静，手机调至振动档，电影放映时尽量不要走动，以免影响其他读者观影，谢谢您的配合！

如有调整请关注我馆网站或电话咨询：021-38829588转8229分机

内容提供：浦东图书馆(前程路88号)

图 3-1 浦东图书馆在《浦东时报》上刊登活动信息

训图书馆员工利用传播媒体来宣传图书馆的服务，学会如何应对媒体的询问”。“他们还必须能够为地方报纸写文章和准备通讯稿。”图书馆可以通过自己的努力，在电台广播中把图书馆的活动信息及检索知识传递给公众；在电视台播放有关图书馆的公益广告；主动向报社投稿，介绍图书馆的读者活动等。江苏连云港市图书馆每有活动，均会在相关媒体上刊发消息，此外，还在当地报纸《苍梧晚报》上设立《新书架》专栏，每周定期与读者见面，取得了极好的宣传效果。这个面向媒体的宣传，需要馆员用心去策划，不是简单地让记者来拿了“通稿”就走，

而是要提前和记者沟通互动，找准节点，打中要害。没有准备的采访，其结果往往只能是草草收场，效果不大，意义也不大。

3. 标志和理念传播

大家一定不陌生麦当劳、肯德基等餐饮连锁品牌的 Logo 吧，只要你见到这个标志，你就知道自己可以获得什么样子的服务。图书馆也要利用各种 Logo 标志来指引人们找到图书馆。Logo 是企业形象识别系统中的一个重要元素，目前图书馆界已有采用。中山大学图书馆把 Logo 印在图书馆温馨伞上面，每到下雨的时候，读者取用温馨伞，Logo 也就随之满校园流动。招贴画和标语在营造图书馆内的气氛和传达某种意图方面的作用不容忽视。理念宣传常常被图书馆忽略，让受众不知道你这个馆和其他馆有啥区别，你的特质是什么？你追求的是什么？浦东图书馆在上海地铁 7 号线做了一个宣传栏，并印上“图书馆：一个等待灵魂的地方”等简洁的理念，就是比较容易让人记住并理解。标志和理念最好糅合在一起，例如，一个建筑上有图书馆的 Logo，同时下面有一句话作为理念，如果持之以恒地传播，图书馆在人们心目中的形象就愈加牢固。

4. 社区阵地宣传

定期深入社区基层，把公共图书馆的理念宣传到家、宣传到人。国际图联发布的《公共图书馆服务发展指南》明确指出，图书馆必须有一个积极争取社区支持的既定政策和持久的服务项目，参与社区生活（见图 3-2）。连云港市图书馆通过走访市级机关工委，抓住创建学习型机关的契机，为市级机关公务员集体办证，短时间内就新办证 6 000 多个，带动 6 000 多个家庭走进使用图书馆的行列。图书馆应定期到中小学，甚至幼儿园进行图书馆知识的宣传普及，让图书馆“阅读”的种子在孩子们的心中扎根。图书馆也可以和大学等合作，开展各项活动，在助人之时，也传播了自己。例如，浦东图书馆和上海第二工业大学团委合作，推出大学生志愿者走进视障人士家庭帮扶其子女学习工作，大学生们在实践中体会到视障人士的不易，视障人士在和社会接触中感受到温暖，图书馆也在活动中传播了自己。

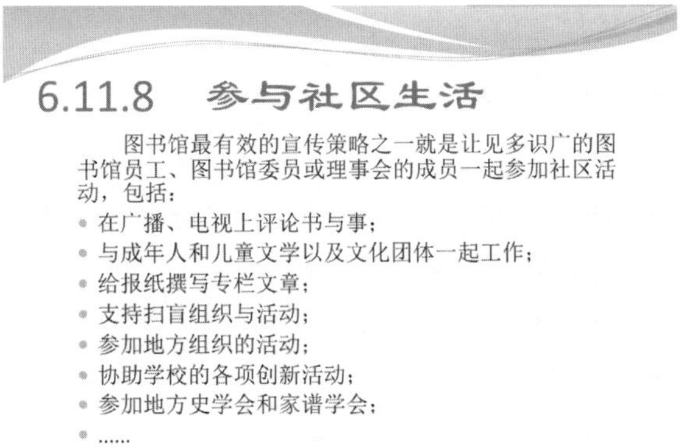

图 3-2 《公共图书馆服务发展指南》提出图书馆要走进社区

二、新媒体传播

1. 图书馆网站

图书馆建网站的目的是多方面的：

——是图书馆进行自我宣传与展示的良好信息平台，通过设立馆藏介绍、检索服务、新书推介、讲座通知、公共信息等栏目，不间断地向读者展示图书馆的信息。

——实现着图书馆与读者的互动。随着 Web2.0 概念的引入，网站与读者的互动交流会更为密切。

——作为一种延伸服务的手段，在服务方面的功能进一步拓展。

然而，国内公共图书馆网站在宣传方面作用的发挥仍然存在某些缺陷。诚然，馆藏介绍、检索服务、新书推介、讲座通知和公共信息等是网站重点建设的项目，但与读者的互动交流方面却因为意识不到位而显得单一，大多数图书馆仅限于开设网上咨询通道，还缺少情感层面的交流等。

而国外许多图书馆的网站非常重视这一功能的开发，著名的美国图书馆协会网站设有类似“我与图书馆的故事”栏目，在这里，图书馆协会、图书馆、图书馆馆员及读者共同讲述着与图书馆有关的故事。以图书馆的角度，会讲述诸如《一个图书馆使一座小镇获得新生》的故事；而以读者的角度，一个专门的频道——我为什么热爱图书馆，是读者讲述自己的图书馆故事的“讲台”，这些故事的主人因为是千千万万读者中的普通一员，真实、平实的语言非常具有说服力和感染力。

2. 微信传播

微信是款手机移动即时通信软件。随着移动通信设备的发展，微信用户群以前所未有的速度增长，用户群的迅速增长为微信的蓬勃发展奠定了基础。

2017 年 11 月，微信在腾讯全球合作伙伴大会上发布了《2017 微信数据报告》，报告核心数据如下：日登录用户（2017 年 9 月）9.02 亿。这是一个巨大的体量。微信这一软件几乎覆盖了我国 95%以上的智能手机用户，如果能利用好这个已经开发得相对成熟的软件，基本上能为读者提供点对点的服务。

微信传播的特点：微信支持发送语音短信、视频通话、图片（包括表情）和文字。语音短信和视频的时间长度不受限制，可随时录制和传送，提高了传播的效率和信息反馈有效度。视频通话提升人际传播的亲切感，将现实生活中的人际交往情境最大限度地克隆到网络空间中，为用户带来“拟人际”传播体验。此外，可以通过图片文字、朋友圈日志等方式将图片、文字、视频等组合起来，图文并茂地向传播对象进行组合式传播。相对于传统网络人际传播而言，微信人际传播指向性和传播效率较高。

现在，几乎每家公共图书馆都有了微信公共服务平台。这些公共图书馆的微信公共服务平台提供了良好的用户服务界面，主动提供多层次的个性化信息服务。图书馆的传播模式也可以从被动点击到主动推送，若能帮助读者抓住碎片化的时间推送一些浅阅读和微阅读甚至微电影，这将对扩大图书馆的影响力发挥积极的作用。

以笔者所在的浦东图书馆为例，浦东图书馆在微信传播上可以说是后来者居上。浦东图书馆 2015 年年初才开始运用微信做传播，但是仅仅一年时间，微信公众号排名已居全国图书馆界前列。浦东图书馆微信是如何做的呢？主要是通过自定义回复内容+微网站的展现来实现对浦图功能服务。在具体做法上，将功能服务与娱乐融为一体。

一是浦东图书馆微信公众账号，见图 3-3。

图 3-3 浦东图书馆微信公众号关注方法

二是微信图书馆的内容丰富，见图 3-4。

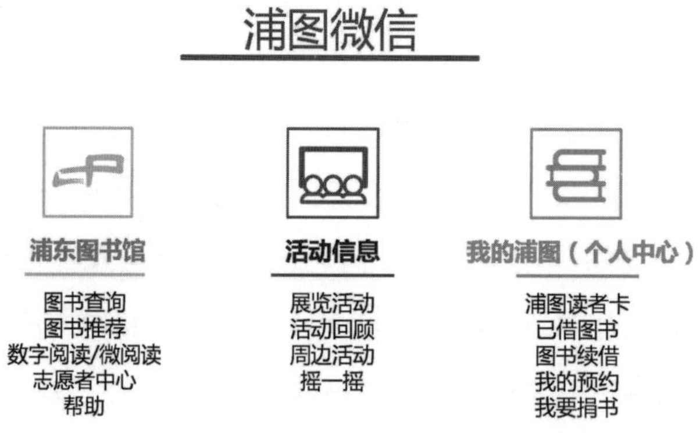

图 3-4　浦东图书馆微信截屏图主页

三是通过微信实现讲座展览等热门活动的快速预约，见图 3-5。

图 3-5　读者可以按提示报名参加活动

四是通过有趣摇奖吸引读者参与，见图 3-6。

图 3-6　有趣的“摇一摇”

五是开展实体书和电子书的网上续借功能，见图 3-7。

图 3-7　电子书的借阅

六是开通数字阅读移动应用和微信的关联。和商业数字阅读相比，图书馆数字阅读具有不收费，信息量大等优势。以浦东数字阅读手机客户端为例，这是一款为持证读者个性化定制的移动应用程序。该客户端主要功能为三大块：一是图书馆服务；二是数字资源；三是社交学习小组讨论，具体功能包括：①用户可以在客户端上自助完成图书馆藏查询、预约续借、入馆须知、活动预告、在线咨询等；②一站式学术资源检索及获取，拥有超过百万册电子图书、海量报纸文章及中外文献元数据、数万集视频公开课等，为用户提供方便快捷的移动学习服务；③用户可以建立自己的读书学习社交圈，进行小组讨论。

有了微信服务号，该如何推广传播呢？我们可以在图书馆各个角落使用，如在宣传单和海报上使用，在阅读活动上加二维码，在名片、读者等候区、餐饮区、公交车站等加二维码，让更多人使用。我们要鼓励馆员转发传播，馆长带头传播，与相关账号协同传播。

新媒体传播也包括微博、视频、百度百科以及喜马拉雅听书等很多渠道，这里限于篇幅，不再一一赘述。

三、图书馆业界间传播

举办或参与图书馆界大型会议并在大会上发言是图书馆传播的重要手段，也是体现一个图书馆地位的平台。以浦东图书馆为例，在浦东新区人民政府的支持下，浦东承办了 2013 年中国图书馆年会。该会由中华人民共和国文化部主办，是我国图书馆界年度最大规模盛会。2013 年年会主题为“书香中国——阅读引领未来”，吸引了全球 3 000 余名图书馆业人士共聚一堂，探讨未来图书馆模式。年会上，各种论坛和分论坛云集了世界的图书馆专家、学者和馆员，他们通过这些论坛走进了浦东图书馆，初步了解到浦东图书馆。在此次年会上，上海图书馆与浦东图书馆携手推出“图书馆 2020”主题展览，展示了自助办证、自助借书、数字阅读体验、“摇一摇”或“扫一扫”下载电子书阅读、大数据演示、三维扫描、3D 打印、体感阅读演示等新技术和新阅读体验，与读者共同展望2020年的图书馆，也是很好的传播手段。

参加重要书展也是传播的重要手段。大家知道，上海书展暨“书香中国”上海周由国家新闻出版广电总局、上海市人民政府主办，中共上海市委宣传部和上海市新闻出版局承办，每届书展为读者精心准备了15万余种图书，全面展示全国出版界图书、音像电子、报刊、数字出版、版权等领域最新的出版产品和成果。图书馆完全可以联合出版社等，通过开展图书推荐、展览、讲座等形式，让图书馆发出自己的声音。

参加图书馆界的国际组织也是一种传播。现在很多图书馆参加了国际图联、联机计算机图书馆中心等，通过合作与交流，展示了自己的形象。例如，一些图书馆加入的联机计算机图书馆中心（Online Computer Library Center，OCLC），总部设在美国的俄亥俄州，是世界上最大的提供文献信息服务的机构之一，目前有186个国家，85 000个图书馆加入OCLC成为其成员馆。它是一个非营利的组织，以推动更多的人检索世界上的信息、实现资源共享并减少使用信息的费用为主要目的。近年来，该组织的一个产品——FirstSearch检索系统发展迅速，深受欢迎。通过该组织的FirstSearch检索系统可查阅13个数据库，涉及广泛的主题范畴，覆盖社会生活的各个领域和学科。加入这个系统，也可以让世界了解我们的图书馆。

四、二次传播、再次传播和嵌入式传播

很多时候，同样的传播内容，却需要不同层次的传播形式。也就是说，不能一次传播就结束了，而是要考虑再次传播和多次传播，这样才能走进更多受众的心里。例如，现在很多图书馆推出“新书点选”功能，在图书馆官网上，新书点选流程基本是这样的：

第一步：读者点选。

①点击“书目检索”，检索所需图书，确认图书馆是否已收藏此书；

②点击“新书点选”后，按页面所提示的方法填写点选书单，发送即可。

第二步：信息收集和采访编目。

采编部每天有专人负责收集读者新书点选信息，根据读者需求，及时采购，并给每位读者以答复，告知是否购买；如购买，采编部立即编目加工，并把点选信息、图书清单交予读者服务中心。

第三步：读者借阅。

①读者服务中心在接收到点选信息、图书清单后，立即通知读者来馆借阅；

②经核实点选信息后，办理借阅手续。读者点书在官网上发布后，很多不上官网的人，并不知道这一服务功能，也无法加以利用，按照二次传播观点，就可以将此类信息，以微信、海报等其他形式再次予以推广传播。

读者活动也是这样，同样一场活动，现在很多人喜欢用微信，从图书馆公众微信号上得知消息并且实现了预约，但是一部分老年人，也许不会用微信，那图书馆就要考虑继续使用传统的印刷品、电话预约等形式，满足此类读者参与的需求。

嵌入式传播也是一样。例如，我们可以和京东、淘宝等网络平台合作，将图书馆讨论室座位预约、讲座票预约等活动放到平台中，让更多人知道这样的活动，从而传播自己的服务。

第二节 阅读和推广

一个图书馆，图书的借阅是基础服务，但图书只是一本本“沉睡”的“思想者”，还需要馆员和读者通过讲座展览等努力将其唤醒，变成生动的、充满乐趣的、更多人可以分享的“活书”，这需要大量的阅读活动为支撑。而在这一次次阅读推广中，图书馆与读者、读者与读者、读者与专家等进行了沟通，其结果往往是促进了更多的人对阅读产生了兴趣，从而有效地利用图书馆。所以，图书馆的传播也就蕴含其间。

在西方国家的公共图书馆里，读者活动的传播力度非常大。美国一个小镇上，有一家名叫胡得森（Hudson）的图书馆，其读者活动内容之丰富，活动次数之多，每月达十几场，说明读者活动在图书馆的业务里并非一种辅助性内容，其地位应该与文献借阅等主流服务项目同等重要。

我们不妨这样来理解，在胡得森图书馆里，语言培训、计算机培训、编织培训和政治话题讨论，以及针对孩子们的活动如分年龄段的故事会、读书会、游艺活动等，是图书馆必须提供的服务内容。假设一个社区居民，希望学习电脑及上网，但他没有自学的能力，于是，图书馆通过组织免费的培训班，面对面、手把手地帮助他学会使用电脑，这对于该读者，更具有实际意义。显然，比起单一的借阅服务，像读者培训等活动在特定的人群中是有需求的。于是，在这样的图书馆里，读者活动与图书馆其他各项服务项目整体性地构成了图书馆的业务活动，读者活动与图书馆宣传推广活动的关联在此时是有机结合在一起的，是由两者在活动策划和组织实施方面的共同特点所决定的，这是本文讨论读者活动的原因。

一、阅读推广活动与传播的关系

关于图书馆阅读推广活动这件事，不是每个图书馆负责人都足够重视的。在一些馆长的观念中，图书馆的读者活动是图书馆主流业务以外的部分，它起着聚集人气、活跃气氛的作用，仅此而已。一些图书馆读者活动边缘化现象与长期以来对读者活动的定位不准有很大的关系。

如前文所述，现代图书馆早已超越文献借阅的单一性服务，图书馆作为社会生活的信息中心、文化中心，甚至休闲中心，需要开拓更多的服务项目来服务社会。目前，国内图书馆的读者活动大致有如下类型：

（1）文献阅读，这一类活动的类型相对丰富，如新书推介、读书会、阅读奖励等；

（2）公益讲座，内容不限于阅读，包括知识、文化、教育、生活等各个方面；

（3）公益展览，通常结合文化题材和爱国题材举办展览；结合节假日举办传统民俗方面的展览；

（4）读者联谊活动，是借“读者”这一特定身份进行的各种联谊活动，如灯谜游园活动、戏曲演唱活动，甚至一些户外活动，如“寻找城市记忆”等；

（5）各类竞赛活动，如阅读竞赛、书画竞赛、知识竞赛等。

每一项活动的开展，都是一次图书馆的传播。读者活动的传播，可以是一次性的节目预告，可以是活动结束后的信息二次传播，也可以是活动结束后的网络视频点播，总之，只要在内容、形式、组织等方面下功夫进行策划，就能不断提高读者活动的吸引力。

二、阅读推广活动中的策划

做好阅读推广活动工作，需要两个基本步骤：一是策划；二是实施。这里我们主要讲策划，无论是宣传推广活动还是读者活动，能产生吸引力的活动依赖于好的策划。良好的策划包含了太多的内容，如活动主题如何选择、品牌如何塑造、媒体如何合作、过程如何管理、评价如何进行等。关于策划的操作实务，下面笔者将提出一些观点，它们基于笔者近年来的观察、阅读和思考。

（1）具有一定数量的有策划能力的图书馆馆员至关重要，任何好的策划都是人为的，任何策划一定包含着传播的过程思考。让图书馆拥有专业策划人员显然超出现实可能性，但让图书馆馆员具备一些技能是可实现的，比如，招聘的时候有媒体经验的人作为遴选条件之一，或者对在职的馆员进行一些专业培训。事实上，在自媒体时代，每个人都是传播者，作为阅读推广的图书馆人，更需要这方面的技能准备。

（2）对活动内容的策划需要从读者的视角考虑。无论是图书馆宣传推广活动，还是日常读者活动，我们习惯性地偏重自己认为的选题和策划方式，遗憾的是，有时候它们与受众的贴近程度似乎并不高。对这一点，如果我们毫不在意，其实在很大程度上是在放弃对活动效果的预期。比如，在进行阅读推广活动时，过于进行一些理论方面的学习推广，这种对阅读的厚望，说不定会让读者对阅读持敬而远之的态度。在策划这类活动时，多站在读者角度会有更好的效果。当然，已经具有阅读习惯的人不是阅读推广活动的主体，相反，我们需要传播的是很少阅读甚至从不阅读的人，希望引发他们对图书馆和阅读的兴趣。那么，对于这一个群体，应该从最低层次上做起去建立阅读习惯，哪怕是解决一个生活细节问题，如养花、饲养宠物、编织、烹饪和卫生保健等，哪怕是享受通俗小说带来的愉快，让书本这样一点一滴地走进人们的生活中，从改变他们的生活品质开始，进而再进入到更高的精神层次，这样的阅读推广活动是不是会更具效果？这值得去尝试。

（3）通过建立策划意识树立图书馆品牌活动。虽然不是所有的活动都依赖于有创意的策划，但我们必须意识到，有相当多的活动是依赖于策划和创意的，尤其是图书馆推广、阅读推广、读者联谊一类。而我们不得不面对的事实是，目前图书馆活动中，在创意策划方面做得很不够，主题平庸、形式陈旧的活动构成了我们今天活动的主要部分，如果要追究原因，还是对活动的评价标准不够合理所致，品牌要求不高，单一的数量评价标准导致对质量的追求缺乏动力。旁观商业领域对活动品质的追求，一个启发是——提升活动质量的起点和品牌。在明确图书馆活动，尤其是宣传推广活动的价值标准的前提下，设法使活动更具有新颖性、趣味性、参与性和品牌知名度，这并不是一件容易的事，它需要一些呕心沥血的策划工作。上海浦东图书馆进行了“图书馆奇妙夜”的策划，广东中山市开展的“图书馆意识教育宣讲团”活动等就是突破，它的意义在于对图书馆推广活动在有效性、互动性、新颖性方面进行了全新探索。

三、阅读推广活动策划基本步骤

首先要明确活动影响的对象是谁，其次要了解在哪个地方能找到这样的人，再次是我们要知道用什么办法才能引起他们的关注和参与，需要考虑我们倡导的形式是否简单得让人一看就明白。王志军在《如何做好图书馆宣传推广的策划》中认为，一个有创意的策划，也是图书馆传播的过程，应注意把握下述几个方面：

（1）目标要明确。每一次传播，其目标人群不宜贪求太多太大，只需把握重点目标群体，集中力量做足文章，这样才能把最有价值的信息最充分地传达给目标群体，从而引起受众的关注，并且使其能比较容易地记住你所要表达的信息。

（2）活动有亮点。很多宣传活动，花了不少人力和物力，却留不下很深的印象，原因在于缺少亮点。活动亮点相当于一份策划书的灵魂，一份策划方案能否吸引读者，其亮点是否突出是重中之重。只有提炼一个鲜明的“卖点”，才能把有关资源整合起来，从而实现活动目标。这里的“卖点”是宣传推广活动环节设计中最精彩、最传神的地方，是事隔多年，活动大多被人淡忘，但仍能让人记起的一个情节。

（3）形式要创新。活动形式策划的主旨是因地制宜、新颖生动。为了倡导全民阅读，培养市民特别是青少年的图书馆意识，广东省中山市图书馆与中山市教育局共同举办“中山市图书馆意识教育宣讲活动”，组建由各镇区 30 多位教师及市图书馆高级专业技术人员在内的“中山市图书馆意识教育宣讲团”，在全市所有中小学校开展宣讲活动，并逐渐延伸到社区、企业、军营、农村就是一种传播的创新。

（4）宣传要到位。通过海报、宣传单、宣传橱窗、图书馆网站和新闻媒体等途径，发布相关信息。前期宣传便于读者事先掌握服务的时间、地点、内容和相关情况，吸引更多的民众参加。后期宣传重在回顾活动情况，巩固活动效果。策划图书馆宣传推广方案要充分利用媒体的公益性宣传资源。社会主义新农村建设、和谐社会构建、关注弱势群体、社区文化与乡村文化建设，都可以找到与图书馆的结合点，要在“新闻点”上进行策划，以迎合媒体对主流意识形态宣传的需要。

（5）时间地点要恰当。活动举办的时间要考虑相关教育机构和社教机构的活动日程安排，最好在节假日或寒暑假，以免不同部门的活动日期碰撞，影响参与意愿，降低成效。活动地点的选择要有针对性，即要事先考虑到人流量、交通、场地大小、周围环境和针对的目标观众层次等。

我认为，在此基础上，活动策划还要系列化课程化。在活动开始前，我们要考虑活动的系列化，不是零碎的散落。这个话题后面会讲。在活动的策划过程中，我们要关注每一个细节，模拟现场可能出现的每一个问题。如活动现场的布置要充分考虑与主题是否吻合、话筒摆放的位置以及天气变化等。同时，强化员工的细节意识、服务意识，通过积极的、人性化的服务，弥补策划中的缺失。活动举办前应评估场地使用空间及安全与秩序维护。活动正式进行前须将活动规划清楚说明，必要时可先行示范或预演，再正式进行。活动进行时应有足够的工作人员在场，彼此照应与支援。

第三节　建筑和空间

美国耶鲁大学哲学系教授卡斯腾·哈里斯（Karsten Harries）在《建筑的伦理功能》中说建筑有一种伦理功能，它把我们从日常的平凡中召唤出来，召唤我们向往一个更好的、更接近理想的生活。我们在图书馆传播中，也要重点讨论一下这个话题。

一、建筑和空间是传播的“物质”基础

图书馆建筑空间提供了图书馆机构的存在感，其设计布局及功能设置也代表着图书馆的综合发展水平。近 30 年来，特别在信息技术和网络技术迅猛发展的冲击之下，图书馆空间布局与设计发生了很大的变化，很多老旧的图书馆需要空间重塑。考察图书馆重塑空间的动力因素主要来自三方面：

（1）馆藏载体变化，导致空间及学习阅读设施的重新设置；

（2）海量网络信息的免费获取，使图书馆不再具有信息资源汇集获取中心的优势，到馆率下降，图书馆空间须得重设，以适应时代并吸引用户；

（3）作为一种增进读者知识、提升素养的中心场所，承载功能变化的空间必须与新型的、交互式学习方式相适应。最显著的改变莫过于，图书馆从威严的知识殿堂转变为日益亲民的、人性化的读书、学习及交流的场所。

在这个图书馆理念转变过程中，共享空间理念、“第三空间”理论等颇受图书馆界关注并得到较广泛的应用，其目的在于增强图书馆空间功能及对用户的吸引力。陈幼华在《阅读推广视角的图书馆空间设计研究》中也指出，当前，处于超越与转型时期的图书馆，必须尽量满足两个需求：一是通过加强图书馆的软实力来推进图书馆数字化、智能化和无所不在的服务方向发展；另一方面图书馆又必须通过流通服务和咨询服务之外的、更依赖图书馆实体空间的各类活动，来彰显图书馆作为一种文化场所的价值。

以浦东图书馆为例，其是目前上海最大的区级图书馆，用地面积约3公顷，总投资8.5亿元，总建筑面积60 885平方米，藏书容量约200万册，阅览座位约3 000个（见图3-8）。包括地下两层和地上六层，设有公共服务大厅、展览厅，大型演讲厅，中型和小型学术报告厅以及不同规格的读者活动（会议）室、培训教室，以及相对独立的少儿图书馆，这是一个在2010年启用的新馆，在空间塑造上考虑的众多会议室、讨论室等已经体现了阅读、交流等多重空间的需要，这对图书馆开展各项活动就非常便利。

图 3-8 浦东图书馆高大宽敞的空间

二、建筑和空间设计传播出图书馆的价值理念

图书馆有很多使命，在我看来，图书馆主要有五大使命，分别是：区域的阅读中心、文化中心、教育中心、休闲中心和青少年科普活动中心，这些使命都要通过图书馆的建筑和空间来实现。从图书馆使命的角度来重设空间：一方面可以打造具备新一代文化传承机构意蕴的图书馆形象，展示其理念和价值追求；另一方面也使阅读推广活动的开展有所依托。这些建筑设计都是为了完成使命而生的。

1. 图书馆建筑设计应传递对人的尊重

当图书馆建筑空间本身能够成为一种文化标识时，它自然而然就能够吸引读者前来，进而阅读图书及使用图书馆的其他服务。实际上国内外已有很多堪称典范的图书馆建筑设计。

北京大学图书馆厚重典雅古朴的外观使观者油然而生对于知识的敬重及对于学习的渴求之心，馆内阳光大厅及诸多阅览学习区域的设置巧妙地满足了青年学子对于学习空间的需求，并以共享空间的氛围引导及优化其学习行为。

由墨菲、杨廷宝、关肇邺三个不同时期的建筑大家设计的清华大学图书馆则具备“扣古朴与现代之两端，糅合而再生”“似旧见新、似土见洋、似贵见廉”“尊重人、尊重环境和尊重历史”等文化特质。

美国俄亥俄州立大学图书馆也是一座将古典意蕴与现代气象结合得非常融洽的建筑：极有历史感的典雅建筑外观，内里挑空通透的中庭设计和玻璃材质的楼梯和墙壁、随处可见的闲适沙发，使读者既可以静心冥想，也可一眼到底察看到他人的学习模式。

建筑师莫什·萨夫迪（Moshe Safdie）以深入人心的历史建筑——罗马角斗场作为原形来创作加拿大温哥华图书馆，设计了一系列多元化的中庭空间，尤其是图书馆入口被设计成一个由玻璃天窗覆盖的、有六层楼高度的“城市之屋”，带给这个历史短暂的移民城市一个富于历史意味的场所，唤起及表达了市民对自己文化及来自何方的一种怀念。

2. 图书馆空间设置传播出对于阅读及文化推广的支持

除了传统的阅览区域，基于 Commons（共享）理念，很多图书馆开设了展览区域、咖啡吧、多媒体制作与欣赏区、研讨交流区域等。

香港城市大学图书馆的空间设计专注于对技术、学习空间和交互学习的支持：中央庭院为用户提供一个聚集和交互的开放空间；多功能大厅灵活地做室内展览、举行活动及其他功能之用；形如鸡蛋的迷你剧院是欣赏音乐和电影的灵感空间。

香港理工大学图书馆空间包含群组学习室、开放学习区、休闲区、教学区和创意媒体区，将图书馆、实验室、休息室、会议室的功能整合于一起，成为支持校园团队项目、多媒体工作和个人发展的有效平台及协作交互中心。从这些实践来看，图书馆在空间再设计方面非常活跃且极富创意。

香港科技大学图书馆馆长陈绮贞等认为未来的图书馆将兼具学习空

间、研究空间、交互学习的社交空间、文化空间、创新空间等特性；图书馆在通识教育、个人全面发展等方面扮演着重要的角色，未来的图书馆也应该具备迷你画廊、博物馆和艺术中心的功能。

北京大学王余光教授呼吁通过设置经典阅读室的方式来推广传统优秀文化典籍的阅读。深圳图书馆专设“南书房”来推广经典阅读；深圳市南山区图书馆、河北省图书馆等均设立了专门的经典阅览空间。高校图书馆界也开始践行从文化传承的高度来系统规划创设专门的阅读推广空间，开展有内涵深度的传统文化推广活动。同济大学图书馆创设“闻学堂”即是这方面的典范之一。闻学堂整体采用中式古典风格设计，精选四千余册中华优秀传统文化典籍陈列于古典风格的书架上，设有书画作品、古代机械、茶艺等展示和交流区域，设有宜于开展中小型文化沙龙讲座的研讨区域，并与该馆古籍与特藏文献研究室比邻，融合成为中华传统文化主题区域；基于该空间，该馆先后开辟了“闻学讲堂”“闻学展堂”“闻学课堂”“闻学知行堂”“闻学雅集堂”等活动项目，通过举办中华传统文化主题展览，开设传统文化相关的校内选修、专业课程，举办国学研讨讲座沙龙等，立体展现及推广中华传统文化。

在激发文化创意的空间构建方面，上海图书馆的“创新空间”成为先行者。该空间阅览区陈列了 5 000 余册创意设计类新书及 180 余种新期刊，配置有造型创意、私密性绝佳的视听休闲椅；创意设计展览空间展示各类设计师的新作和创意产品，配置有两套可供体验的 3D 打印设备；全媒体交流体验空间由六幅波浪造型液晶显示屏、三组基于智能桌面触摸屏的数字创意台，以及一组使用触控技术的大型创意数字化展示台构成；研讨区配置多媒体投影设备。

重庆大学理工图书馆也是一个将科技与人文融合来重塑图书馆空间的成功典范。该馆总体风格为民国风建筑，将整体空间规划为四种类型：安静学习空间、讨论/会议学习空间、休闲生活空间（含户外花园、影视厅、音乐图书馆等）和文化展览体验空间（展览区域、文库、珍藏室、新技术体验）。其中的主题阅览室博雅书院藏有经典人文、专业书籍约 1 万册，可以开展各类经典阅读推广活动；文库及传统文化体验区域布置得古色古香，具有很强的传统文化体验感。

3. 运用人文景观及多元装饰营造浓郁的文化氛围

历史人文景观、雕像、浮雕和绘画作品等的和谐运用，可大大增强图书馆的历史文化意蕴。例如，美国国会图书馆大厅内耸立的大理石柱、表征历史文化含意的精美壁画、富于艺术美感的彩色玻璃窗共同构筑的文化空间之美令人叹为观止。在国内图书馆建筑中也越来越多地运用这些文化修饰品。上海浦东图书馆五楼空中花园就是一处景点，一楼大厅静静肃立的孔子像，每天迎来送往无数读者。北京大学图书馆在阳光大厅南墙设置名为“芸台霞蔚”的砖雕壁画，展现了百年书城的发展历程，南门厅东墙嵌入九位名人铸铜浮雕，激励后学见贤思齐，设于北庭院的石刻勺园修葺图则使读者感受几百年前北京大学校园所在地的历史风貌、山水韵致和人文底蕴。

上海交通大学于 2008 年开放使用的新图书馆一楼大厅运用名为“百年辉煌”的大型浮雕来展现百年校园的发展历程，设置“孔子学堂”人文景观来增强图书馆的历史文化厚重感，并运用长 30 余米的大型油画“荷田”来增进图书馆的艺术氛围。另外，舒适的沙发、富于设计感并可灵活移动组配的阅览桌椅、个性化台灯等都是增进阅读学习氛围的配置。

三、建筑和空间设计传播出图书馆的功能

图书馆体现一座城市的文化服务能级，这种能级是通过其功能大小

实现的。所以，在建设图书馆之前，既要保证公共图书馆社会服务的深度和层面，又要有相应齐全的功能项目。要设有为社会发展和经济建设服务的情报服务部门和专题文献服务空间，为专业读者服务的研究室、方便读者的讨论室、学术交流的报告厅、讲座的大会堂、读者交流的活动室、文化交流的大展厅和读者社会教育、终身教育的培训教室等功能。具体说来，图书馆以知识为核心，以学习—交流—支持三大部分组成图书馆功能体系，这三部分有机联系而又相对独立，形成完整的服务与业务高效配合动态运作态势。三部分的功能主要是：

1. 知识与学习

这一部分是图书馆主体基本功能，应该体现藏、借、阅一体化空间形式提供开放式大开间布局，并便于灵活使用和功能调整。主要功能包括大众基础借阅和专题专业阅读，这里是所有信息资讯的汇聚点，是先贤智者精神财富集中的场所，供读者加强自我学习与深造提升。各个年龄层、各种类别、不同使用目的的读者汇聚一堂，不同载体介质、不同学科类别、不同阅读手段的文献集中于此。功能要求主要是有序、方便。

——所有服务区域全面向读者开放使用，除特殊要求外，各个分区之间无硬性隔断。

——书架与阅览桌椅就近安排，方便读者自由取阅书籍。服务区域配置充足数量的导向标识、读者自助复印机、公共目录检索机、自助借还书机、读者智能终端等。

——根据不同情况为读者座位配置补充照明、电源接口及有线信息点，服务空间内无线网络全覆盖。

——设计细节上将注重科学化、人性化，努力消除各种人为使用障碍，如减少阶梯，方便轮椅或婴儿车出入，提供放大阅读装置供老年人使用，儿童区出入口设立专门洗手处帮助儿童从小培养良好的读书与卫生习惯，触摸标识和声音导向供视障者使用……

2. 交流与休闲

主要包括学术交流和读者休闲，汇集各类学术报告、讲座、展览、读者活动以及文化娱乐休闲。这里多属于动（闹）区，人员流动峰谷差异明显，易产生噪音和喧闹，功能要求主要是实用、舒适。

——学术交流部分有不同规格的多功能演讲厅、学术报告厅和读者活动室，可用于图书馆定期及不定期的大中小型讲座、演讲、会议、培训及读者沙龙活动。

——培训教室主要用于各类语言、计算机及实用业务技能的公益性培训，读者自修室和展览厅是图书馆深受读者欢迎的场所，要敢于进一步加大这两部分的面积，并考虑功能的灵活转变和使用方便，设计独立的出入口。

——读者休闲部分主要设计了新书展示厅（书店）、文化用品服务部、快餐厅、咖啡吧（休闲阅读区），让读者在图书馆静谧的一隅享受馆内的温暖舒适和窗外的绿色葱茏，放松心情，使艰难枯燥的学习轻松而充满乐趣。

——交流与休闲区的特色。大中型活动空间可供大中型演讲和讲座以及国际会议使用，展现公共图书馆的高雅、严肃和亲切。读者活动（会议）室用于开展各种中小型的读书会、英语角、艺术沙龙等活动，设置30人、40人和60人三种使用规格，既是读者活动空间，同时也兼具会议室功能，实用灵活、便于管理。

3. 支持与服务

——实施全方位的开放性服务，包括读者的开放、空间的开放和资源的开放。读者面向任何个人和团体，无论其种族、国籍、年龄、性别、宗教信仰、语言、能力、经济和就业状况或教育程度。

——图书馆的人性化服务遍布每一个角落，分布在各楼层和阅览区域的书目检索终端、电子阅览设备、自助借还书机、复印机、咨询台等服务设施为读者提供就近、便捷的“一站式”全套服务。读者无须办理任何手续即可在馆内各处免证阅览图书，借书、复印、上网、下载文献、餐饮、购书等项服务一卡通行。形似“超市”的服务方式，让读者拥有最大的自由度，又随时能得到工作人员的帮助与服务。

四、在接待参观中做好建筑与空间的传播

每一次重要接待都是一次重要传播图书馆的机会。而来参观访问者，首先看到的就是图书馆的建筑与空间。

记得几年前一个周二下午，著名文化学者马未都来浦东图书馆做讲座。他提前到了，于是馆方就带他参观一圈，当天是工作日，但是图书馆三楼仍然坐满了读者，而且都是年轻的读者（见图 3-9），马先生参观了一圈后走上了讲台，第一句话就是：我被浦东图书馆震了一下，没想到这么多读者……

按理说他是见过世面的人，但是在他的印象中，很多图书馆却是“人烟稀少”、冷冷清清，这样的人气，完全超乎了他的想象，这何尝不是一次很好的图书馆的传播呢？

又有一次接待浦发公益基金会的同志来访，他们说之前来过浦东图书馆。我说我们合作之前再请你们走一圈吧，看看我介绍的是否和你看的不一样？于是参观了数字体验区、电子阅览室，看到了我们的信息咨询与情报研究，得知我们有很广泛的对外延伸服务，还有很多讲座展览以及学术研究……坐下来后他们的第一句话就是：浦东图书馆颠覆了我对图书馆的印象了……

图 3-9 浦东图书馆专设“新书阅读区”

其实，说出“颠覆”这两个字的，何止是他们？很多人走进了这里，改变了原来的图书馆的印记，觉得图书馆也可以变得高大上、更好玩。

那么，如何做好参观接待时的传播呢？我们以浦东图书馆为例：

——进入大门前，介绍一下图书馆外观之美，图书馆建筑简洁的形体轻盈地漂浮在绿色大地上，缓缓的斜坡不是居高临下，没有台阶，也方便老人孩子。

——走进图书馆大门，一楼大厅的孔子雕像背后有何故事呢？可以说起图书馆对传统文化的重视，举办“浦江学堂”等少儿国学系列讲座等，在图书馆这里可以系统学习四书五经，比较学校碎片化的语文学习更有价值，陈述只有从先秦诸子百家等找到中国文化的源头，我们才会知道从哪里来等观点。

——一个成功图书馆的标志就是馆员热爱自己的工作，自带光芒。在三楼走廊有五个书墙，五组馆员每月文献推荐，馆员每月结合节点热点进行文献的推送——策划相应的讲座——通过微信发布，让馆员干中学，找到工作意义，把工作当成学习研究和思考的过程，成为一线专家。

——在沿图书馆三楼电梯上来后，讲解9门闸机不仔细看就看不出对读者的阻拦，体现了包容无门槛的公共图书馆精神。不像一些图书馆，进一阅览室要刷一次借书卡。

——在图书馆三楼地球仪借还台处，有一个圆形的新书推荐点，这里是“化腐朽为神奇”的地方，利用读者好奇求新的心理，只要是书，放在上面就会被一抢而空。

其他可以介绍的有：在三、四楼层之间高度达10米，这种大空间的“跃层”设计非常了不起，给读者以高挑的空间感受。在图书馆六楼数字体验区可以看210度环屏3D片《前赤壁赋》，领悟苏轼“惟江上之清风，山间之明月，取之不尽，用之不竭”的精神，讲述中国500年一遇的苏轼豁达的人生观。还有进行阅读推广活动的场所，如一楼容纳600人的报告厅，这里有很多令人难忘的讲座，思想的碰撞，大师的云集，智慧的启迪，每年全馆100多场精彩报告都在其中。

第四节　文献资源揭示与传播

一个良好的公共图书馆一定重视文献资源建设。甚至有的图书馆除普通文献借阅外，还根据当地特色，设有地方文献、国际博览等专题阅览满足读者需求的多样性，有的图书馆还专门设有音像阅览部和数字化阅览部。但是，以美国著名情报学家兰卡斯特（Frederick Wilfrid Lancaster）为代表的情报学家却提出了“无纸化社会”及“图书馆消亡预言”：人类将会进入无纸化社会，图书馆终将消亡，图书馆馆员将凭借情报技术专家的身份活跃于未来的电子时代……那么，情况到底怎么样呢？

一、提供文献信息资源仍是图书馆的基础服务

早在 1931 年，印度图书馆学家阮冈纳赞（Ranganathan）提出了著名的图书馆学五定律，它被誉为“我们职业最简明的表述”，后被译成多国文字在世界各国图书馆学界广为流传。20 世纪 70 年代，兰卡斯特曾指出：“图书馆”将成为人类知识的“永久存档处”，他同时指出，这一角色在数字化时代就仅剩“档案功能”，不再有理由被“信息资源”的获取者所访问。但是，兰卡斯特不否认阮氏五定律，他说：这五定律从表面上看很通俗，实际内容却很深刻，它们从根本上阐明了图书馆应该为之努力的目标。

在兰卡斯特预言中，存在这样一种“悖论”现象：尽管对图书馆的未来不抱希望，但对脱胎于图书馆机构的图书馆馆员职业，兰卡斯特对其前景保持完全相反的乐观态度。以下是兰卡斯特话语材料中有关“图书馆馆员”的一个代表性陈述：我认为作为信息专家的图书馆馆员，在电子时代仍将是有价值的。事实上，当社会越来越意识到在各行各业获取信息的重要性时，他们的价值将大大提高。他们需要作为信息咨询师，向读者展示满足信息需求的最佳信息源；培训读者使用电子信息资源；替不熟悉的用户检索特定资源；开展信息分析活动：即整合不同信息源平台上的检索结果，开展评估和筛选，将筛选后的结果直接反馈到请求者终端；利用 SDI 功能指导用户建立个人兴趣档案；协助用户组织个人电子信息文件；提供研究支持，帮助研究人员追踪最新的信息资源和服务。在电子时代，这些都将是重要的活动。不过有趣的是，没有一项需要在实体图书馆的围墙中完成。那么，图书馆是如何利用文献进行传播的呢？

1. 收集更多文献资源才能更高效推进图书馆传播

图书馆学第一定律——书是为了用的。这一定律认为，图书馆的主要职能不是收藏、保存图书，而是使图书得到充分的利用，这是开展一切服务工作的前提。这现在看是显而易见的，很少有人会怀疑它的正确性，但在图书馆发展的历史上，却经历了曲折的历程。早在 15 至 16 世纪，由于书籍稀少，抄书艰难，欧洲不少国家的宗教图书馆甚至用铁链把图书锁在书架上以防被偷走。后来，随着技术的进步，使得书籍逐渐多了起来。但中国古代历史上无论是宫廷藏书、官府藏书、书院藏书，还是私人藏书和书籍的使用对象一直仅限于极少数人，一些私人藏书家搜集到一些珍贵的书籍便秘而不宣。可见，封建时代无论是公或私书籍只被用于保存，很少用于流通，长期形成的这种保存图书的传统习惯被延续下来。我国是从 1902 年开始，浙江人徐树兰创办古越藏书楼，将自己的藏书开放，供社会人士借阅，才有了初期读者服务工作。我们试想，如果没有文献资源，图书馆何以叫图书馆？图书馆又能传播什么？

2. 让读者参与文献资源的建设有助于图书馆传播

图书馆第二定律——每个读者有其书。虽然只有寥寥数字，但含义却极其丰富。阮冈纳赞对此做了详细的阐述，他要求图书馆的大门向一切人开放，不仅包括富人和穷人，男人和女人，城里人和乡下人，而且还应该包括正常人和非正常人。总之，要使不同的社会地位、性别、年龄、健康状况、居住地区的所有人，都享有利用图书馆的平等权利。我们图书馆怎么做？要从国家层面制定图书馆法律，从法律上保证人人有其读书的权利。国家应该为地方图书馆或国家图书馆拨款，从财政上保证人人有其书。图书馆工作人员要了解读者，了解书籍，认真地履行自己的职责，积极地帮助读者查找和利用其所需要的图书。

二、凸显新书推荐布局

在图书馆显要位置展示、推荐新书，满足读者求新的心理，往往会取得意想不到的效果。浦东图书馆在最近推出新书推荐专题，把平时放在一角的图书拿出来，摆在读者进门的入口处，供不应求，一天 4 000 本书基本所剩无几。而原来呢，是把新书旧书放在一起，读者也没觉察到新书，而图书涨架趋势越来越严重。

三、时事热点及时推送

也就是说，不论是通过新媒体传播，还是传统开放式橱窗展示，最终要有相应的专题产品（书籍或光碟）上架，让读者来选择。对于很多人来说，结合时事热点传播是一件不必要的事，因为网络如此发达，但是从图书馆的公益性出发，从文献的视角来看，这样的努力还是很有现实意义的。

四、不定期更换文献位置

很多人以为，图书馆就是有很多书。但是，可以负责地说，有一部分读者不知道里面有报纸，图书馆里有光盘。从传统图书馆管理来看，也是由于习惯或惰性所致，对这类自己习以为常的文献资源，没有精心推送传播。

而我们看商业领域，就很智慧地换不同商品的摆布。例如，在一家商场的主要位置，今天摆设的是电子设备产品，过了一个月，或者换季的夏天到了，就会在这个位置摆放清凉用品……商家做的目的，就是改变消费者的习惯，以变化的方式展示不同的产品，唤起顾客的注意。

图书馆何尝不是这样呢？除非懒惰，或者馆长馆员的传播动力不足，要不然，真的要在这方面费心思了。

第五节　策划事件引导传播：以浦东图书馆奇妙夜为例

一些社会人士觉得图书馆做事很保守，其中也有图书馆不敢于创新的原因，主要就是图书馆人有时不能从图书馆外看图书馆，容易导致“就图书馆事论图书馆事”的自我循环。事实上，策划一定的事件引导图书馆传播，向社会展示自己的工作，是一项很重要的事。可喜的是，现在很多图书馆都意识到这个问题，例如，上海嘉定图书馆与教育局合作的学生参观图书馆活动，就是一个好做法；京东与浙江图书馆合作的“你买书我买单”活动，利用互联网时代的大平台，方便了读者阅读也传播了自己。还有一些图书馆（更多是大学图书馆）开展的密室逃生活动等，更是直奔年轻人的喜好而来的。下面，以 2018 浦东图书馆奇妙夜为例，讲讲这一策划过程，以供更多的图书馆借鉴。

一、策划背景和经过

作为改革开放的龙头的上海浦东新区党委和政府，始终重视经济文化和社会的全面协调发展，早在 2010 年投资 8 亿多元建成浦东图书馆新馆并对外开放，良好的设施、丰富而又课程化的阅读推广活动一直得到读者的厚爱，也打造了少儿阅读、国学与传统文化、教育、科技等阅读品牌，吸引了日均 1 万多的读者前来。

但是，江海行舟，不进也退。浦东图书馆最近做的读者问卷调查发现，很多人希望图书馆能在活动举办方面有更多奇思妙想，特别是更加贴近小读者的需求。如何让图书馆这一文化机构始终保持生命的活力，满足人们对“更加美好生活”的期盼，始终摆在浦东新区有关领导面前。为此，一场激发活力、阐释创意、文化引领的图书馆奇妙夜的尝试应运而生了。

1. 策划与创意经过

在浦东区委宣传部的带领下，策划小组开始了奇妙夜的筹备工作。第一项任务就是明确活动的主题和关键词，在这方面，想到第一个词是“感恩”。是的，活动的目的就是感恩读者的厚爱，没有读者就没有图书馆；第二个词是“成长”，图书馆是给人以温暖和力量的地方，更是让人思想和精神成长的地方；第三个词是“憧憬”，图书馆通过系列阅读推广活动，给人以知识和力量，让人有可能更加充满智慧地面对生活，给人们以希望。关键词定下来后，就是时间段了，这时，远在天边近在眼前的节日就是 2018 年“元旦”了。如果在日益商业化的环境中打造一个喜阅“跨年”，一定是别开生面的乐事，一定会更加美好而有温情，能吸引更多的人走进图书馆，走进阅读。

2. 遇到的“三个困难”及应对

但是，离 2018 年元旦只有 20 多天，时间会不会太仓促？如果“跨年”，有可能影响到图书馆正常开放和读者的正常阅读吗？从晚七点半到凌晨，从一楼到二楼再到三楼三个舞台，横跨九个小时的节目，能够有精彩的内容支撑吗？种种问题摆在眼前，因为是第一次，所以问题都来了。但开弓没有回头箭，既然要做，那就是破解各种问题了，主要有“三个问题”：

首先是节目内容和形式。图书馆奇妙夜要体现自己的特色，所以总体基调应该是安静的阅读过程，这样就不建议有舞蹈、话剧等种类，而是更多以朗诵和音乐为主，通过音乐和诗歌，让阅读更加深入人心、启发成长、传递温情。同时，图书馆的工作离不开读者、志愿者和物业的支持，要结合这一活动，对他们的代表进行表彰和鼓励，传递感恩、温暖和力量。

其次是活动的主场和其他分会场设计。由于浦东图书馆面积很大，所以明确主场就两个：一个是一楼大厅，这里主要是开幕式和亲子区域，在这里进行一些国学文化、民族音乐和阅读马拉松的活动；另一个是三楼“书山”，利用其阶梯形成的天然座位，营造书中的舞台、和平时不一样的图书馆，并且是零点“跨年”“翻开新一页”的主场。其他的如二楼少儿馆，继续开放其空间，填充相应的儿童剧、故事妈妈讲故事等活动，在当晚播放一些艺术电影，直至凌晨，打造“通宵电影”的故事。

最后是关于馆开放时间和彩排时间。考虑到图书馆奇妙夜不能影响读者正常阅读，在舞台搭建、节目彩排时又该如何安排呢？是不是要提前闭馆呢？思前想后，还是决定正常开馆，所有搭建工程在晚上八点闭馆后进行。只是告诉读者当天晚上会有活动，可能影响到阅读，建议他们如若觉得受到影响，可以到五楼等区域阅读，这样，就把活动对读者的影响降到了最低。但是具体到落地实施，又是一件让人不放心的过程。尽管有浦东文化传媒公司的鼎力支持，但是毕竟第一次和该策划公司合作，也是第一次做图书馆奇妙夜，又是跨年时间演员档期都满而没有时间前来彩排……所有的“第一次”加起来，就形成了我们的担心——到底行不行啊？心里没底啊！12 月 26 日，离跨年只剩最后一个星期了，这时策划公司请的导演来了，他开始对接节目，进行编辑和彩排，其他如优秀读者表彰、志愿者表彰和优秀物业员工表彰、浦江学堂群诵、故事妈妈讲故事、通宵电影、新年借阅新书以及阅读马拉松、新闻发布、安保方案等也在紧张联系对接之中……

二、微信报名及活动传播

2017 年年底，一则看似普通的微信推文在浦东图书馆公众微信号等媒体上发布，具体内容是这样的：

报名“喜阅跨年——2018 浦东图书馆奇妙夜”：书香绕梁暖旧岁，感恩读者迎新元。

元旦将至，在这辞旧迎新的跨年夜，你都习惯做些什么呢？

是在外滩的岸边欣赏光影，还是在新天地的人群中尽情狂欢？

是守着电视看卫视新年节目，还是抱着手机准备准点秒杀抢单？

今年，浦东图书馆邀你共度一个与众不同的跨年夜，给 2018 年添一丝独一无二的书卷气。

为感恩读者，回馈书友，浦东图书馆邀名家，备笙箫，首次开馆至凌晨零点半，竭力为书友们打造一个其乐融融、风雅别致的文化跨年夜。

那么到底都准备了哪些精彩活动呢？在这里，我们先小小地透露一下：

——你听说过图书漂流吗？你相信命运的邂逅吗？将你的藏书送进福袋，将他人的祝福带回家中。浦东图书馆将和“石头汤”项目携手，在新年之夜举办“存书带福归”活动。带一本喜爱的书籍存入我们的定制福袋，就可以换取我们的幸运手环。凭着这个手环，存过书的你可以在新年到来之时，任意挑选一个心仪福袋带回家，也许这将是你 2018 年的第一次不期而遇。

——新旧交替之时，总让人百感交集又充满希冀。那就提笔“书写新一 year”吧。在定制明信片上写下心中祝愿，寄给朋友，寄给亲人，或者寄给未来的自己。

——少时枕边梦，愿为书中人。踏上奇幻的旅程，与书中场景合影，在名著的世界里，看见新的自己，展望新的一年。

——还记得曾经的通宵电影院吗？经典电影连番上阵，让你一夜饱览那些年我们错过的好电影。

——在一楼的另一端，我们打造了古色古香的舞台。光影交错，精彩纷呈，不仅会有特邀嘉宾讲述人生故事，上演真人图书馆，更有极具传统文化魅力的特色节目轮番上阵。同时，如果你愿意，你也可以从台下走到幕前，读出你爱的文字，分享你爱的篇章。

——跨过时光之阶，来到二楼，等待着来客的是浩瀚的星空电影院。我们以天为幕，以廊为床，你只需躺进软软的沙发，便能够惬意感受来自星空的地球脉搏。

——在感受完星空电影的魅力后，家长们还可以带着孩子，前往二楼儿童阅读室，观赏亲子舞台的表演，乐享闲适温暖的亲子阅读时光。让孩子从小养成常日或佳节，书香伴身边的习惯。

——作为浦东图书馆最有特色的一景，三楼书山空间将在当晚改头换面，移走往日的桌椅，搭建华丽的舞台，奏响这一夜的诗乐篇章。

——上海交响乐团将带来悠扬的四重奏，“能不忆江南”古谱诗词音乐新编古曲，吟唱诗词，邀你倾听诗词中的人生况味。

——各路名家也将在此和你近距离面对面交流，王苏老师带你品读经典，享受心灵的温暖之旅，SMG 侧耳团队为你诵读文学，聆听灵魂的本真之蕴。

——上影演员剧团也将献上精彩朗诵片段，更有著名作家、学者鲍鹏山老师为你送上新年寄语。

——除了精彩演出之外，更有神秘抽奖活动和零点千人倒计时仪式在等待着你来发掘，无限缤纷，尽在书山。

报名方式……

夜读侧听诗乐起，书卷伴我展新年。

让我们和浦东图书馆一起细嗅 2018 年的第一缕墨香。

让我们没有想到的是，此推文一发出，即刻之间就被“秒杀”，主办方担心安全问题，实际上只投放了 2 000 个报名名额，看来远远不够啊。

三、活动的成功和启示

2017 年最后一天，天公作美。晚上七点半一到，浦江学堂的孩子们率先登场，群诵《论语》节选，然后是阅读马拉松开讲，二楼故事妈妈那里也围了很多孩子，星空影院处开始排起了长龙，懒人沙发上都是躺着戴着耳机满怀期待的小眼神在欣赏空中花园底座的光影电影……

——在三楼主舞台，洋泾中学合唱团第一个亮相，声音一出立刻把观众吸引住了——整齐的拍手、群体的低音、青春的面容，这么的和谐又美好……

——第二个重量级节目是王苏老师的《品读》，通过一篇短文《下雪了》的解析，抑扬顿挫的画面扑面而来。旁边的一位家长说：这位老师真的很专业；

——接下来是几组古谱诗词吟唱，或高或低，又是李白，又是王维，给传统文化以穿越时空之美；

——接下来，一群五六岁的孩子，竟全部用英文唱《木兰辞》，赢得观众的热烈掌声；

——接下来还有，主持人诵读《习近平的知青岁月》节选，把人带回到延安窑洞里的灯火情境；

——SMG 侧耳团队诵读的《我想和你虚度时光》等，让诗歌飘荡在书山的空灵之中；

——零点倒计时开始，著名文化学者、浦东图书馆理事长鲍鹏山教授和小读者一起翻开 2018 年的新的一页日历，大家欢呼——2018 年来啦！

新年就是这样，充满了节日的仪式感，总是给人期待，让我们既回望过去，又盼望更美好的未来。在这一刻，是图书馆和阅读把我们欢乐地连接在一起……音乐还在继续，很多小观众还在聆听不愿意回家。

这次奇妙夜活动给了我们"五点启示"：

一是建设更多更好的图书馆，符合社会发展的大势。从目前的社会发展趋势来看，随着人们物质生活的极大丰富，对精神和文化的需求越来越多、越来越高。特别是在匆忙的钢筋水泥城市中，如何安抚自己的灵魂，如何处理好自己与自己、自己与家庭、自己与社会等关系，越来越成为文化建设、文明建设、社会建设的重要内容。而图书馆这一阵地，以其让人能够安静阅读为核心竞争力，应该受到政府的进一步重视。人们在求外在的物质的同时，能够有一片净土，更多向内"求自己"，让自己"转过自身、回到内心"，从而获得满足和愉悦。所以，浦东应该再建 10 座这样的图书馆，让人们随时可以静心反求，让人学习与阅读甚至是来休闲。

二是地方党委政府对图书馆事业和阅读推广工作的重视和推动，是成功举办图书馆奇妙夜的关键。图书馆，尤其是公共图书馆，区别于其他社会机构的重要一点就是，它不仅仅是一个机构，还是一种社会制度，即它的存在使每一个社会成员具备了自由平等免费获取和利用知识信息的权利，代表了知识层面与文化的公平分配，维护了社会的民主与公正。但是，再好的武器，如果不能发挥其作用，也是摆设一件。"奇妙夜"这一构思早在一年之前就已生成，部局主要领导亲自挂帅，推动项目策划和实施，是成功的关键所在。在活动最困难时，区委宣传部主要领导说：我们要和读者一起在“书山”中跨年，在传统文化中思考人生，在憧憬美好中智慧成长，这次只是一个尝试，要坚持下去，努力打造一个品牌，形成辐射力，需要我们勇于探索和尝试，不要怕，大胆去做！

三是坚持策划为先，保证节目从形式到内容的高质量。凡事预则立不预则废。正是由于部局领导包括分管领导及业务处室的重视，从不同侧面提出建议，对重要内容和形式都提前进行研究判断和设计，使得活动充满张力和新意，抓住了“眼球”，让包括小朋友在内的众多读者不愿意离场，达到了“感恩、成长、憧憬”的效果。这给我们的启示是，在阅读推广中如何策划活动，如何邀请嘉宾，如何搭建合作的平台，如何在阅读推广中启发民智，让人获得精神上的“富足”，永远是阅读推广的核心要义。相信通过这次奇妙夜的举办，有更多的读者走进浦东图书馆，走进阅读，也会有一些人在阅读中、在和大师对话中获得精神上的启迪和智慧上的成长。

四是政府是搭建合作平台、推动阅读推广的重要推手。文化的源头活水来自不断创新。从无到有，“喜阅跨年——图书馆奇妙夜”这一“画饼”是创新的产物，有“三个层面”可以借鉴：第一，图书馆馆内以后要坚持主题化、节点化、菜单化的策划要求，在较小的时间节点，通过重大主题来达到节点化宣传，例如图书漂流、读者分享阅读、读者体验阅读、国学专场阅读等，让图书馆常变常新；第二，图书馆和东方艺术中心、文保署、群艺馆、博物馆和电视台等文化单位，可以通过干部挂职、信息交流等途径，实现资源互通有无，融合创新；第三，在更广更高的层面上，可以通过文化基金申请成功者和文广系统单位资源对接，和工青妇等单位对接，围绕“人的全面发展”，围绕聚变社会面临的婚姻家庭教育等实现从项目申请策划到产品落地的全过程管理。

五是亲子阅读是我们今后工作的重点。这次奇妙夜，我们很担心凌晨的“敲钟”时刻，有多少人能够坚持？但是，出人意料的是，很多孩子们是跨年的主力军。今后将更多邀请名人名家，和出版社、书店、媒体等跨界融合推动阅读推广。

馆员知道的，并不意味着读者也当然知道。

第四章
图书馆的传播内容和规律

公共图书馆传播工作要获得成效，必须贯彻“内容为王”的思想，把握好内容创制环节，设法触动读者的内心。内容主要可以分为图书馆功能作用、资源和服务、图书馆动态的预告性宣传、图书馆事业形象的亮化宣传和推广等。笔者认为，公共图书馆的理念是先导，形象传播是基础，资源和服务传播是核心。

第一节　理念、形象和服务传播

“理念”这一概念非常重要，看似无形，却有着指引和指导的功能。我们难以想象一个优秀的图书馆，没有正确理念的指引。而理念的背后是什么呢？是文化。一个图书馆要以何种文化示人，何以立己，本身就是一个大课题。

一、理念传播：图书馆应该有何种价值追求

什么是理念？人类以自己的语言形式来诠释现象——事与物时，所归纳或总结的思想、观念、概念与法则，称之为理念。如：人生理念、哲学理念、学习理念、办学理念和投资理念等。

理念的形成，是我们对现象之规律已经有了一定的认知。这种认知具有概括的广度和深度。概括性越高，认知的信息内容彰显就越丰富。

根据柏拉图的观点，万物是理念的摹本，理念是最完美的，具体事物是有缺憾的。柏拉图强调了理念的重要性及对实践的指导作用。

图书馆界不少人，对阮冈纳赞著名的图书馆学五律即“书是为了用的、每个读者有其书、每本书有其读者、节省读者的时间、图书馆是一个生长着的有机体”虽然耳熟能详，但当我们认真考察我国图书馆的基础性工作时，却深刻地感受到有迷失图书馆理念的倾向。

（1）理解图书馆理念，首先要回答图书馆是什么。回答图书馆“是什么”，离不开权威机构对公共图书馆的界定。我们在前面“图书馆定义”中已经论述过，1994 年，国际图书馆协会和联合国教科文组织《公共图书馆宣言》指出：公共图书馆是传播教育、文化和信息的一支有生力量，是促使人们寻找和平和精神幸福的基本资源。

我们理解，这个定义前半句讲的主要是手段，通过这样的手段要达到什么样的目的呢？后半句“促使人们寻找和平和精神幸福”则是公共图书馆应该追求的终极目标。

图书馆是学习和认识自我的地方。现实中，我们比较多地关注人与人的关系、人与社会的关系，而较少关注一个人首先应该认识自己，处理好与他自己的关系。人应该知进知退，知足知不足的，可很多时候，

我们错就错在不知道什么时候进，也不知什么时候退；或者只知道去“争”，不知道有舍才有得。我们掌握不了“舍与得”火候的背后是心态浮躁，缺少智慧。现代社会中的人需要等灵魂的地方！而公共图书馆则提供了这样的教育、文化和信息资源与场所，可以“促使人们寻找和平和精神幸福”。

图书馆是文化的存在。公共图书馆是一个传承人类知识文明的文化载体，提供了让人成为特定社会人的文化土壤和机会。人要成为一个人，就必须接受文化的影响，并认同这种文化，成为一个文化的存在。正如大师们所言，“人是文化的动物”（M．兰德曼）；“人是一根能思想的苇草”（帕斯卡尔）；“人是人的作品，是文化、历史的产物”（费尔巴哈）等。对于一座城市来说，公共图书馆滋养着物质文明和精神文明之花；对于渴求知识的市民来说，公共图书馆是信息的枢纽和桥梁，将大千世界的浩瀚信息遴选有序，供千万读者使用。作为社会的重要文化载体，公共图书馆不仅是信息的积聚和发散地，更是提供人们寻求知识的渠道，为个人和社会群体的终身教育、自由决策和文化发展提供基本条件。

有人说，现在网络与数字化日新月异，已使图书馆的馆藏概念突破本馆内自有实体文献的藩篱，将可检索、获取的虚拟文献也纳入其中，我们已经不需要到图书馆看书学习了，图书馆还有存在的必要吗？我的回答是，当然有存在的必要。前提是一句话——只要公共图书馆继续提供了社会需要的教育、文化和信息资源。如果图书馆的功能和其理念一直在发展中互相匹配，我们的图书馆事业大有可为。

（2）图书馆理念是图书馆本质特征、运行机制、价值取向等不同层面的观念集合。图书馆理念是什么，理念是组织的基石和灵魂，图书馆理念是图书馆本质特征、运行机制、价值取向等不同层面的观念集合，它是确立整体图书馆形象的前提和基础。图书馆理念揭示并主导着图书馆文化，主要依附于图书馆的社会职能、服务宗旨、战略规划，以及管理、服务和馆员的观念等。建设一个好的图书馆，需要管理者和馆员在图书馆实践中不断践行好理念、新理念；发展和繁荣图书馆事业，需要提炼和挖掘出符合人类社会福祉的优良理念。公共公开、自由平等以及免费公益均是公共图书馆理念的本质内涵。除此之外，公共图书馆理念还通常会以文字的形式外显为法律条例、规章制度和职业道德规范等。我们认为，图书馆应该是大众享受学习乐趣，感受文化感召，体验心灵和谐、接近生命智慧的“精神家园”，是一个极富影响力的城市公共文化场所。

（3）构建图书馆三大理念。从认识论层面来说，理念主要有平等服务理念、知识自由理念、信息公平理念和社会包容理念等。如果这些理念根植于馆员和管理者心中，图书馆的服务也就少了偏颇和弯路。受篇幅限制，这里只阐述其中三大理念的基本内涵：

一是平等服务理念。服务是图书馆生命，图书馆服务必须是一种平等服务。在商业社会中，游戏规则是优胜劣汰，胜者为王往往是竞争的不二法则。但是图书馆不是嫌贫爱富之地，而是一视同仁。图书馆是否提供平等服务，主要取决于图书馆服务是否体现无身份歧视原则和关爱弱势群体原则。平等意味着无歧视，图书馆服务中无论如何也不能出现歧视性对待任何一个利用者的现象。这就是《公共图书馆宣言》所倡导的基本精神。印度图书馆学家阮冈纳赞可以说是图书馆平等服务论的最极力倡导者。他的名著《图书馆学五定律》中有一段是这样说的——图书馆大门向一切人敞开，决不能让我们的图书被少数受优惠者饱学之士所垄断，我们的图书人人可借，人人可看。

图书馆界比较有名的一个案例是杭州图书馆馆长褚树青，他主持的图书馆，从 2003 年起一直坚持对所有读者免费开放。无论是农民工还是拾荒者，甚至于乞丐，图书馆来者不拒，待之如宾。有人到褚树青处投诉，说允许乞丐进馆是对其他读者的不尊重，褚树青答道：我无权拒绝他们入内读书，但您有权利选择离开。图书馆能否真正提供平等服务，关键在于能否平等对待弱势群体，能否给弱势群体以人道主义关怀。不能给弱势群体以平等对待和人道主义关怀，图书馆平等服务便是不彻底的、甚至是虚伪的。我们看到，许多图书馆开设了盲人图书馆，定期播放盲人电影，举办免费的电脑培训班等，这就是平等对待弱势群体的重要举措。

对于平等服务的理念，要通过实际的行动去做，要通过图书馆内外的宣传板、电视屏幕等渠道告知读者，这就是图书馆理念的传播。

二是知识自由理念。据相关文献资料，知识自由（Intellectual Freedom）这一术语首先是由美国图书馆协会提出来的。该协会所界定的知识自由的内涵是：人人享有不受限制地寻求与接收各种观点的信息的权利，应提供对各种思想所有表达的自由获取，从而可以发现某个问题、动机或运动的任何或所有方面；知识自由包括三个部分：知识持有的自由、知识接收的自由与知识发布（传播）的自由，当然，这些自由必须是符合法律法规的。

三是免费服务理念。公共图书馆提供的基本服务必须免费，这是公共图书馆业界的基本规则。若公共图书馆的基本服务采取收费服务方式，必然对支付能力弱者产生经济障碍。美国图书馆协会指出：免费提供信息是公共资助的图书馆的根本使命；收费为自由、平等利用信息和服务制造了障碍；支付能力不应控制知情能力和求知能力。1999 年修订的《日本图书馆法》第 17 条规定：公立图书馆不得征收入馆费和利用图书馆资料的其他任何费用。公立图书馆提供免费服务的经济学依据在于：公立图书馆是公共物品，而且是具有高度正外部性的优效物品，政府有责任以公共税收普遍提供公立图书馆服务（而不指望市场提供），公民已以交税方式预付了获得公立图书馆服务的费用，因此，公立图书馆在提供基本服务过程中不应再收取费用。2011年，文化部和财政部出台《关于推进全国美术馆公共图书馆文化馆（站）免费开放工作的意见》，标志着图书馆在内的机构免费服务在全国推开。

以浦东图书馆为例，浦东图书馆已于2009年初就率先实现了基本服务项目的全部免费，目前已完全实现了无障碍、零门槛进入，所有基本服务项目免费，包括图书外借和馆内阅览、报刊阅览、电子阅览、少儿外借和阅览、盲人阅览和电脑培训、影视光碟馆内外阅览、影视欣赏、借阅证注册、检索与咨询、信息咨询、图书点书、报告厅（自修室）使用、寄存物品、基层辅导和培训、公益性讲座和展览、流动（延伸）服务、免费为读者提供接入无线网络服务、访问数字资源、网上冲浪以及开展各类学习研究等23个基本服务项目。

二、形象传播：图书馆和馆员应该树立何种形象

形象是理念的表达和主观意识。大家都知道肯德基或者麦当劳，不管你吃过或者没吃过，但是它的山德士上校和大大的“M”的形象，通过店面、电视等，影响了一代代中国人。想到这两家快餐店，我们能够清晰地知道他们是做什么的，有什么样子的服务，孩子们可以在里面玩什么，甚至里面的厕所也是免费的……这就是它们的形象传播。类似的还有希望工程的形象代言人“大眼睛”姑娘等。可是，图书馆界却没有自己统一的形象LOGO。

提起图书馆，人们想到的是什么？从表面上来看，图书馆形象传播可以为公共图书馆增添魅力，通过吸引外界的关注来获得社会层面的广

泛支持，进而得到正面认可，从而激发人们对公共图书馆的信任感和向往感，反过来进一步提高公共图书馆的利用率和影响力。从更深层次来挖掘，我们看到提高自身的生存和发展能力是公共图书馆发展的内因，外树形象是图书馆发展的理念概括。这里主要讲两个问题：

1. 行为形象

这里的行为形象既有群体性行为，也有个人行为，例如，图书馆所开展的活动，发布的信息，在他人看来就是图书馆行为；而馆员的服务态度和衣着风貌，往往被看成个人行为，但是两者区分得也不是很严格。图书馆行为是图书馆行为规范和图书馆馆员服务态度的外显，是图书馆运营过程中所开展的所有活动的展示，可以归纳为图书馆管理工作和服务工作两个方面。行为承载着理念，行为并不是单一的行为本身，理念需要通过行为来外显才能被人们所感知。图书馆所开展的所有实践活动，都承载着图书馆理念，也是实现图书馆理念的唯一通道。图书馆行为在图书馆理念与社会、读者间架起了沟通的桥梁，也让人们最直接、最真实地感受到图书馆的存在。图书馆行为形象直接被人们感知，可以决定图书馆在读者乃至整个社会当中的地位和印象。行为虽小，但影响不小。图书馆个人应该时刻注意自身行为和关注图书馆行业动态，做好日常的点点滴滴。

2. 视觉形象

视觉形象体现在直观、形象性的人和物，是图书馆存在的可视化表现，是图书馆理念和整体形象的静态形式、表征符号。通过最直接的感官，视觉形象再现了图书馆的理念和内在特质，比如 LOGO 标识、地理位置、外观设计、内部布局、周围环境和馆员仪态着装等。人是视觉动物，有研究表明，人类在感知外界的过程之中，绝大多数是通过视觉获取信息。因此，公众必然会通过视觉来感知图书馆，视觉形象是图书馆形象不可或缺的因素。事实上，在读者进馆之前，甚至可以说在读者的大脑想到图书馆的时候，图书馆视觉形象就已经开始影响到人们的心理并决定了对图书馆的主观评价。

树立和塑造良好的图书馆形象，是公共图书馆义不容辞的责任和义务。公共图书馆是塑造良好形象的内在动力，起关键性的决定作用；其他能动主体是外因，起推动和促进作用。可以这样说，图书馆社会效用的充分发挥，馆员综合素质的提高，所有与塑造图书馆形象相关的方方面面，都需要有公共图书馆付出长期的种种努力。

三、服务传播：高质量服务才能影响人

1. 做好服务是图书馆传播的基础

一般化服务已经难以吸引读者，只有高质量服务才能影响读者。

——馆舍的大气精美。一个好的建筑一定是吸引人的。图书馆也一样，如果我们图书馆外形一般，内设简单，布局不合理，环境也不整洁，我们一般不会喜欢上这里的。随着人们生活质量的提高，对学习工作的环境要求逐渐提升，我们图书馆要适应这种需求变化，不断建设更加美好的图书馆。

——馆员的态度友好专业。低端服务一般是有这项服务即可，而高端服务是可以被感知、可以温暖人心的。图书馆也是这样，我们的馆员富有魅力，服务专业，我们就会赢得读者的认可和喜爱。

——开馆时间要方便读者。1997 年，我国国家图书馆率先推出 365 天全天开馆，之后各省市公共图书馆纷纷仿效，高校馆也是竭尽全力将开放时间一延再延。

——馆址的选择要方便读者。如今，许多城市公共图书馆都建造在城市的中心或文化中心，或者靠近城市居民区，或者靠近交通枢纽；许

多大学图书馆坐落在学校的中心，以方便读者。随着汽车进入家庭，要考虑更多的停车位以方便读者。

——图书馆要精心选置各种服务设备，创造一个优美舒适的阅读环境。如今，无论是新落成的图书馆，还是改造后的老馆舍，阅览室的采光越来越好，桌椅愈加舒适，环境更加美观，书架高矮宽窄适当，给读者以宾至如归的感觉。在借阅方式上，一改过去的闭架借阅为开架形式，不仅节省了读者的时间，提高书刊利用率，更重要的是使读者能接触大量的书籍，从而开阔眼界，获得广泛的知识。

——在服务内容上，馆员不再只限于把书借给读者，而是大量开展阅读推广，指导读者去利用图书，随时解答读者提出的问题，在需要时给予帮助或进行个别指导；此外，图书馆还大力开展了宣传工作和阅读辅导工作，主动地宣传新书，宣传图书馆的服务项目和使用方法。

2. 为更多人提供服务就是最好的传播

公共文化设施是公共财政投资建设的设施，公共财政的来源则是全体国民，理应为大众所使用，从这点来说，使用的人越多，政府投资的意义就越大。以英国为例，英国是世界上最早建立公共图书馆服务体系的国家，也是最早通过《公共图书馆法》的国家。除去较为完备的硬件设施外，人文关怀与优质服务更从深层次增添了英国图书馆的魅力。英国公共图书馆反对任何形式的歧视，它主张对社区内各民族的文化产品兼收并蓄，对残障人士、行动不便的老年人、生活极度贫困的失业人口、无家可归的社会流动人员等友好接纳、服务到家，它能在意外事故或灾难降临时为社区提供及时的信息支持等，就体现了为更多人服务的理念。

第二节　信息与知识传播

有文字就有著述，有著述就有图书，有图书就有图书馆。图书馆是搜集、整理、收藏图书资料以供人阅览、参考的机构，图书馆具有保存人类文化遗产、开发信息资源、参与社会教育等职能。不论各个阶段图书馆形态如何变化，但是，提供知识服务，参与知识生产，推动知识进化，促进人类进步、科技进步和社会发展，使人类享受幸福生活，一直是其追求的价值观。

一、信息与知识传播的第一阶段：藏书楼

早在公元前3000年时，古巴比伦的神庙中就收藏有刻在胶泥板上的各类记载。那时还不叫图书馆，最早的图书馆是亚述巴尼拔图书馆。这是现今已发掘的古文明遗址中保存最完整、规模最宏大、书籍最齐全的图书馆。在时间上要比埃及著名的亚历山大图书馆早400年，而且由于泥板图书的特殊性，没有像亚历山大图书馆一样毁于战火，大部分都保存了下来。

我国的图书馆历史也很悠久，只是起初并不称作图书馆，而是称为府、阁、观、台和楼罢了，如西周的盟府，两汉的石渠阁、东观和兰台，隋朝的观文殿，宋朝的崇文院，明代的澹生堂，清朝的四库全书七阁等。唐朝大诗人白居易有诗云：犹喜兰台非傲吏，归时应免动移文，说的就是他在图书馆当差的事。

“藏书楼”系历代官方机构、民间团体或私人收集典藏图书文献之处所，指藏有图书的建筑。秦汉以来，私家藏书与官藏并驾齐驱，成为中华文化保存和传播的两大重要渠道，特别是从唐代出现雕版印刷以

后，书籍开始普及，宋元以来渐成风气，明清书籍印刷则达鼎盛时期。作为藏书文化物质载体的中国藏书楼，它的规模、历史和功绩在世界文明史上都是领先的。据义献记载，最早的私人藏书楼始于北魏，在此后的1 500多年中，中国大地上相继出现过几千座藏书楼，其中有一定影响的就达 1 000 多座。宁波天一阁、杭州文澜阁、沈阳文溯阁、海宁衍芬草堂、海盐西涧草堂……这一座座古老沧桑的藏书楼，曾经串起了中国悠久灿烂的藏书历史。古代藏书楼历史大致终结于清末民初。后来西学东渐，现代意义的图书馆相继建立，取代并极大扩展了藏书楼的社会功能。也有少数近现代藏书楼延续至今，例如宁波天一阁。

二、信息与知识传播的第二阶段：公共图书馆

随着人类知识的积累、印刷机的出现等因素，人类社会产生了大量的信息，为了将这些信息进行收集整理储存并提供给广泛的人群使用，图书馆应运而生。后来，为了让图书馆能以一种有效的方式发挥其功能，出现了培养管理图书馆人才的机构，这就是大学里设立的图书馆系科，用以专门研究图书馆学。

与大学图书馆、专业图书馆不同，公共图书馆的服务对象可以针对儿童到成人，服务内容包括了提供通俗读物、杂志和参考书籍、公共信息、互联网的连接及图书馆教育等。

中国 19 世纪末，维新派倡导的公共藏书楼和他们建立的学会藏书楼已具有公共图书馆的性质。光绪二十六年（1900 年），浙江人徐树兰独自先后捐银 3. 296 万两，在自己家乡创办了古越藏书楼。开办之日，藏书 10 万多卷，书目 35 卷。为使古越藏书楼能长年供人阅览，徐树兰每年捐钱 1 000 元作为馆内工作人员的工资和经费。20 世纪初，中国出现了公共图书馆，1903 年武昌文华公书林建立并对外开放，1904 年，张之洞力推

的湖南图书馆、湖北省图书馆相继建立。应该讲，一开始湖北图书馆的筹建开放都由政府主导、政府出资、政府管理，在对外开放上面向所有学者。1905 年 4 月，湖北图书馆扩建后开放范围进一步放大，甚至包括了儿童。随后，江苏、山东、陕西、浙江和河北等省都建立了公共图书馆。1909 年清政府颁布《京师图书馆及各省图书馆通行章程》，促进了公共图书馆的建立和发展。1912 年京师图书馆对外开放，1914 年全国共有省级公共图书馆 18 所。中华人民共和国成立后，建立了全国规模的公共图书馆系统，其中省、自治区、直辖市图书馆是所在省、自治区、直辖市的藏书、目录、馆际互借和业务研究、交流的中心，它们还对中小型图书馆提供业务辅导。县图书馆多为本县居民和少年儿童服务。

公共图书馆的馆藏大多是综合性的，一些大中型公共图书馆常设有分馆。现在，包括中国在内的许多国家有专门的公共图书馆法，保证公民可免费获得图书馆提供的多种多样的服务，包括文献外借、阅览服务、参考咨询、文化活动（文献展览、报告会、讲座、电影、音乐会等）以及为老年人、儿童和残疾人提供的专门服务等。与美国、英国、加拿大和德国等西方发达国家相比，中国公共图书馆的发展起步较晚，但是这十几年来发展还是非常迅猛的。

三、信息与知识传播的第三阶段：数字图书馆

1995 年，比尔·盖茨在《未来之路》一书中率先提出了物物相联的雏形。1999 年，物联网的概念被正式提出并迅速波及全球，而以物物相联的智能技术为信息基础的智慧城市（Smart City）则是 20 世纪末 21 世纪初以来在全球展开的未来城市发展的新理念和新实践。

1. 什么是智慧图书馆

在智慧城市发展的前后，国内图书馆学界就已经出现“智能图书

馆”的学名。目前，我国已发表多篇直接与智能图书馆相关的论文（还有不少是间接相关的论文，并未使用智能图书馆的学名），多是从建筑与技术的角度讨论图书馆的系统实施。如张洁、李瑾于2000年发表的《智能图书馆》一文认为，21世纪的图书馆应建成智能大厦，智能图书馆是把智能技术运用在图书馆新馆舍建设之中形成的一种现代化建筑，它是高新技术（计算机、多媒体、现代通讯、智能保安、环境监控等）与建筑艺术的有机结合。

在很多时候，我们把智慧图书馆等同于数字图书馆。这是因为，数字图书馆和智慧图书馆都是基于信息化为基础，所谓信息化是指图书馆在信息的采集存储、加工制作、传递利用等各项工作中，应用计算机、网络、多媒体等现代信息处理技术等手段，对图书馆进行全方位、多角度的改造，以实现信息资源的深度开发和普遍共享，为用户提供优质、高效的服务。例如，在高校的图书馆中，技术上有些已经比较先进，如有些学校采用MyLibrary来提高图书馆信息化水平，加强对读者的个性化服务。MyLibrary是一个由用户驱动的个性化集成定制系统，能够根据用户的需求，通过用户定制、系统推荐和推送，为用户提供个性化的信息服务。但是，智能图书馆不是智慧图书馆，“智慧”更多是指人的智慧。智能图书馆是建立在数字图书馆基础之上的。

“智慧”一词，其本源含义基本都指向“人”，描述关于人对事物的认识、辨析、判断、处理和发明创造的能力。所以，对图书馆“智慧”的探讨也应从“人”入手，在厘清人的智慧活动过程的基础上，明确图书馆的智慧服务方向。当前关于建设“智慧图书馆”的研究与讨论着重在智慧图书馆“怎么做”的问题，多集中于如何借助先进的智能技术全方位为用户的资源获取提供便利。但是智能技术的应用真的会使图书馆变得智慧吗？学界和业界涌现出的诸多观点都是这样认为的，其“智慧”观点的基本逻辑是：智能技术应用于图书馆，能带给用户更多便捷和人性化的体验，可以省去很多不愉快和复杂的知识获取体验。然而其中存在两个主要问题：

（1）将图书馆的重心放在智能技术的应用上并不能叫作智慧图书馆，充其量是“智能图书馆”的建设要求。王世伟曾对两者的概念做了辨析，认为智慧图书馆的格局应高于智能图书馆，应是融入绿色发展和数字惠民理念，应用智能化技术的全方位考量。

（2）对智慧图书馆的探讨并未完全深入理解智慧的本质，未能对图书馆如何围绕知识服务激活智慧进行理论阐述，未能从理论基础上进行深入探讨，仅在表层提出建设意见。而且当下先进的智能技术可能几年后就会落后，以智能技术为核心的智慧图书馆构建思想也有可能在数年后退却，那么如何永久保持和发展真正意义上的智慧图书馆呢？

2. 数字图书馆的建设起源和发展

数字图书馆的定义。虽然数字图书馆和虚拟图书馆的研究如火如荼，名家权威也不乏其人，但至今对其准确定义仍在探索之中。归纳起来主要有以下几种：

——数字图书馆的概念是组织数字化信息及其技术进入图书馆并提供有效服务，几乎图书馆的所有载体信息均能以数字化的形式获得，读者通过网络组织访问外界数字化图书馆和文献信息数据库系统。图书馆和网络系统连接，让人们很方便地共享资源。

——数字图书馆是一个大系统，它是分布式的、大规模的和有组织的数据库和知识库，用户和用户团体可以对系统内的数据库和知识库进行一致性的访问，获得自己所需要的最终信息。

——数字图书馆强调了它存储的信息是用电磁介质，按二进制编码的方法加以存储和管理，是把原先用纸张存储的信息转变为用计算机和多媒体技术存储和处理的信息。而虚拟图书馆则是强调了信息网络传输的特性，它超越时空概念，其资源和服务已大大超出了原来物理意义的馆藏，真正的电子图书馆不再是藏书楼式的机构，而是一个信息系统，是一个联结各地、全国甚至全球的信息资源的网络传递系统。

1993 年 9 月，由美国国家科学基金组织、国家宇航局、国防部高级研究项目局联合提出了“数字图书馆倡议”，并投资 2 400 万美元在斯坦福大学、密执安大学、伊利诺伊大学等 6 所大学进行数字图书馆的分项研究。美国国会图书馆于 1994 年成立了专家小组。同年 10 月，美国国会图书馆宣布它将迈向数字化时代。自 1993 年以来，随着电子出版物的发展，人们对数字网络、数字音频和数字视频越来越多地给予关注和研究，因而在概念上逐渐倾向于“数字图书馆”。

数字图书馆是一门全新的科学技术，也是一项全新的社会事业。简言之，数字图书馆是一种拥有多种媒体内容的数字化信息资源，能够为用户提供方便、快捷、高水平的信息化服务机制。

数字图书馆不是图书馆实体；它对应于各种公共信息管理与传播的现实社会活动，表现为种种新型信息资源组织和信息传播服务。它借鉴图书馆的资源组织模式、借助计算机网络通信等高新技术，以普遍存取人类知识为目标，创造性地运用知识分类和精准检索手段，有效地进行信息整序，使人们获取信息消费不受空间限制，很大程度上也不受时间限制。

数字图书馆从概念上讲可以理解为两个范畴：数字化图书馆和数字图书馆系统，涉及两个工作内容：一是将纸质图书转化为电子版的数字图书；二是电子版图书的存储、交换、流通。

数字图书馆是传统图书馆在信息时代的技术发展，它不但包含了传统图书馆的功能，向社会公众提供相应的服务，还融合了其他信息资源的一些功能，提供综合的公共信息访问服务。可以这样说，数字图书馆将成为未来社会的公共信息中心和枢纽。信息化、网络化和数字化，这一连串的名词符号其根本点在于信息数字化，同样电子图书馆、虚拟图书馆、数字图书馆，不管用什么样的名词，数字化也是图书馆的发展方向。

3. 智慧图书馆建设尚处于起步阶段

图书馆发展至今已经诞生了第一代及第二代图书馆，第一代图书馆的宗旨是藏书，书籍越多越好，阅览室与书库是分离的，把书架做成密集型来收藏更多的书；第二代图书馆的宗旨是借书，突出开放，让大部分图书甚至全部图书处于开架状态，把阅览区域和书架整合在一起，像浦东图书馆就是典型的第二代图书馆。而对于未来的第三代的图书馆，是把重心从书移到人身上，整合技术、资源，为人提供服务的智慧图书馆。第三代图书馆有几个特征。

——以人为本，注重人的需求。图书馆从第一代以藏书为主，到第二代以借阅为主，所以到第三代应当是以人为本。图书馆渐渐从以前的以书为中心逐渐转移为以服务读者为中心。以前文献资源少、成本高，人们要到图书馆来获取知识，因此，图书馆的重心在收藏；如今是信息爆炸的年代，人们获取信息的成本下降，而且图书馆机构内部以及读者本身也在大量生产信息，资源是无处不在的，信息是资源，人是资源，空间也可以成为资源。图书馆可以成为学习、研究、交流及表现的场所。因此，图书馆第一要将传统的以阅览室为主体的形态转变成以学习空间为主体的形态，促进人与人、人与信息之间的交流。第二是注重可接近性，就是拉近与读者的距离。图书馆不仅要缩短服务半径，而且要注重馆内馆外交流的便利性。第三是注重开放性。要尽可能扩大室内空间，并采用错层方式，让读者从内部感受外景特征和日光变化，给人一种通透宽阔的空间感。第四是注重生态环境，并将生态融合进各种服务功能之中。第五是注重资源融合，不但要整合纸质及数字文献资源，还要开发新的资源，并将各种资源有机融合。

——技术用来支撑人的需要。人人相联是智慧图书馆服务与管理的核心，人人相联包括馆员与馆员的相联，馆员与读者的相联，读者与读者的相联。21 世纪初以来，在中国各大图书馆开展的网上联合知识导航站及各类移动服务，开创了图书馆界人人相联的服务新形态。在网络的支持下，这种馆员间的人人相联使服务咨询平台整合了馆内外乃至境内外参考咨询的人力资源，并与读者形成了便捷、专业的互动。这种人人相联的图书馆理念还体现在图书馆的内部管理及专项的读者服务等实践之中，也将为图书馆管理走向社会化营造良好的信息技术环境。

综观 2003 年以来全球智慧图书馆（前期为智能图书馆）的理论研究与实践，可以得出如下结论：目前全球的智慧图书馆尚处于起步阶段，无论是理论研究还是实践探索都有待深化，这从一个侧面反映了这一主题领域的研究与实践还未达到世人普遍关注和成熟的程度。国内智慧图书馆的研究较多地注重与物联网、云计算及数字图书馆、复合型图书馆等概念相联系。

第三节　功能拓展传播

图书馆组织的各类活动体现出其功能，图书馆的功能决定了其应该进行怎么样的活动。图书馆的功能是什么，有多少种类，服务做得如何，决定了图书馆传播的质量。但从实际操作来说，功能和服务是融为一体的。在我看来，要讲现代图书馆的功能和服务，就要讲图书馆的几个“中心”——阅读与思想中心、文化与学术中心、社会教育中心和科普体验中心。

一、成为阅读与思想的中心

中国政府近年来的工作报告显示出越来越多的对于“文化”及阅读问题的关注。2011 年 10 月，党的十七届六中全会审议通过的《中共中央关于深化文化体制改革推动社会主义文化大发展大繁荣若干重大问题的决定》，提出建设社会主义文化强国，并在决议中首次写入“深入开展全民阅读活动”。2012 年 11 月，党的十八大报告历史性地写入“开展全民阅读活动”，成为建设社会主义文化强国的一项重要举措。2017 年 10 月 18 日，习近平总书记代表第十八届中央委员会所作的党的十九大报告强调“满足人民过上美好生活的新期待，必须提供丰富的精神食粮”。从 2014 年开始，“全民阅读”连续五次被写入《政府工作报告》。

2017 年 4 月，在国务院讨论《中华人民共和国公共图书馆法》时，李克强总理说：一个国家养成全民阅读习惯非常重要。而这与公共图书馆普及密不可分。以色列这个国家虽然很小，但在创新方面一直走在世界前列。为什么呢？因为以色列平均几千人就有一个公共图书馆。我们虽然已是世界第二大经济体，但在公共图书馆建设方面仍然任重道远。可见，从国家层面，是很重视图书馆以及阅读工作的。

那么，图书馆如何成为阅读中心呢？图书馆要成为阅读中心，首先要选好书；仅仅有馆藏，并不一定能成为阅读中心，还要争取让读者参与选书。

1. 首先就是图书采选要有的放矢

中外书籍浩如烟海、汗牛充栋，一个读者只能从古今中外的大量图书中选择经典性图书、理论知识创新的新书和适合自己需要的精品图书来阅读。总之，要选经典著作，要选前沿新书，要选专家推荐的书等。

采选是一门技术活，事关阅读的质量，这项工作图书馆馆员要有扎实的基础才能胜任，要借助专家力量和大数据力量努力做好。以浦东图书馆为例，根据服务职能和服务重点，浦东图书馆制定了科学合理的采选方针，确立了具有本馆特色的多语种、多载体的文献入藏体系。在执行过程中严格遵循既定方针，有的放矢、众中选优、与时俱进，同时开展了“你点书我买单”等活动，力争从最大程度上满足读者需求。

2. 进行科学规范的编目

图书编目工作是图书馆进行文献服务的基础工作之一，文献著录要依照国家标准等各类型文献著录的有关规定进行操作，并要求标引、著录、目录组织和排架误差率不得超过1%。专题文献要丰富多样。要结合实际，创新服务模式，完善信息资源建设，为不同需求的读者提供新、捷、专、精、深的参考咨询服务。

3. 加大专题电子资源建设，满足读者对新阅读形式的需要

例如，对于读者经常使用的维普中文科技期刊数据库、清华同方中国知识资源总库、万方数据《中国法律法规全文库》等，就需要及时采购到位。

4. 注重地方文献资源的收集与保护

地方文献是当地社会、政治、经济、文化、教育、科学、技术、历史、地理、人物、物产、民俗和风情等诸多领域的智慧结晶，是地方社会发展进程的浓缩。阅读中心建设离不开对当地历史文化的深度研究，离不开对地方文献的收集保护。

5. 阅读中心需要借力区域一体化的服务模式更加方便读者

吴慰慈指出，一座好的图书馆，首先应该是一个系统，而不是孤零零的一个单一功能。国外图书馆许多是有一家主馆和多家分馆，无论哪里，走大约15分钟，会有一家分馆。只有形成一个图书馆系统，才可

以方便广大的居民阅读，要通过延伸服务点建设，将移动的、小型的图书馆分布在居民小区和乡间农村，还向机关、企业、学校、商厦、军营、工地和监狱等处发展。有了这些基础服务，图书馆可以积极传播其借阅功能。

6. 要成为思想的发散地

在这个网络文化、快餐文化日益盛行的今天，现代许多人已经无暇顾及经典。但是，经典之所以为经典，是因为经典以经典的方式思考和表达了人类生存的基本问题。这些问题不会因时代的变迁而消失，改变得最多的是它们呈现的方式。图书馆就可以开办系统的传统文化课程。例如，从知识层面来讲，如果我们不了解先秦文化，不读先秦诸子，对中国的文化源头就难以把握。这确实是一个文化源头，后世的政治、思想、道德、艺术、审美，乃至风俗等，无不跟先秦有着密切的关系。一部《论语》中上百个成语和格言警句，至今闪烁着光芒！从价值层面讲，现在许多人的困惑也罢、问题也罢，都可以从传统国学经典中找寻慰藉和答案。实际上，我们现在面对困难、思考人生时所能接触的问题，古人几乎都曾思考过。在先哲那里，我们总能遇到知音找到慰藉，找到解困的源头活水。

二、成为文化与艺术中心

什么是文化中心？文化中心是指一种以文化交流与展示为目的的聚合场所，在融合和互异的同时作用下，实现多领域、多民族的文化交流。图书馆作为一种社会文化机构，它的社会职能之一就是通过有效的文献传递来实现人类社会的知识交流及文化交流。随着网络时代的到来，在信息技术的保障下，图书馆已由传统的区域性文献资源中心演变为面向世界的文化交流中心，读者也将逐渐习惯于通过这一场所实现多领域、多时空的交流互动。体现文化交流中心的是无差别地保障人的基本文化权益，主要表现在三个方面：

1. 文化中心一定是大师云集，活动众多

现在一些地方政府通过打造图书馆之城、推出公益讲座、送文化下基层、开展各类读书活动等，致力于保障广大读者基本文化权益，让公共文化切实惠及广大市民，图书馆已在各个层面，对社会的环境形成了极大的影响。例如，浦东图书馆“走进大师，对话传统经典”项目，依托“浦东文化讲坛”，每年举办以国学为重点的各类讲座活动 200 余场，余秋雨、周国平、葛剑雄、鲍鹏山、二月河、钱文忠、陈思和、汪涌豪、孙立平、丁建华和金一南等文化名人纷纷参与公益讲座，日益凸显其文化与阅读中心的地位。

2. 文化中心一定是一个区域的文化中心

现在大型的图书馆还是一个区域的文化中心，主要表现为区域图书馆建设在区域中心位置，并且通过建立总分馆体系，将文化送到家门口。在总分馆体系指导下，图书馆逐步建立起覆盖全区、服务全民、共建共享、运行高效的图书馆服务网络，这对于提高该区域市民提高人文素质，传播文化和文明，构建和谐社会，会产生极为重要的影响。

3. 对社会弱势公民的支持也是文化中心的重要功能

公共图书馆就是这样一个场所，无论长幼、贫贵，甚至无家可归者，每个进入的人都能得到实时的一视同仁的服务，特别是为特殊读者服务。如浦东图书馆从 2001 年开展的视障读者服务工作，每年就会通过专项经费、专门人员、专门场地予以实施，特别是举办的读书征文活动、手机阅读培训等，让盲人有了“我读书、我受益、我快乐”的追求目标。

三、成为社会教育中心

一想到教育，很多人以为学校是教育。其实，人生更多时间是在学校之外的社会中接受社会教育。图书馆是社会教育的重要环节。

国际图联1994年版《图书馆发展宣言》一以贯之地阐述到公共图书馆是为个人和社会群体提供终身学习、独立决策和文化发展的场所，应该从小培养和加强儿童的阅读习惯，支持个人教育和自学教育，以及辅助各级正规教育。

图书馆社会教育中心的提法，是和学校教育相对而言。这和学校教育的区别何在呢？我们可以用浦东图书馆这一案例来说明。例如，浦东图书馆对青少年阅读的支持上，从阅读阵地上来说，设置了1 100平方米的少儿借阅区，少儿座位300多个。从类别上来讲，设有少儿多媒体阅览室，还设有以0~6岁幼儿为服务对象的玩具图书馆。从活动设置上来说，开展了丰富多彩的少儿活动，为教育中心建立打下了基础。

1. 图书馆教育与学校教育是有机统一的

浦东图书馆和各类少儿机构合作，邀请张之路、殷健灵、唐池子和刘保法等儿童文学家开展系列传统文化讲座，并为少年儿童推荐传统经典好书；每月开展一次“跟作家一起读好书”活动，引领小读者阅读优秀的儿童文学作品；与故事妈妈志愿者、迪士尼度假区志愿者合作，每周开展包含传统文化内容的“故事妈妈讲故事”“迪士尼英语故事会”，吸引了大量学龄前儿童等，就是和学校教育相辅相成的结合。

2. 图书馆教育辅助学校教育

公共图书馆作为培养学生自主学习能力的“第二课堂”，能够为推动素质教育做更多贡献、为学校开展课外活动提供支持。《公共图书馆法》第三十四条也规定：政府设立的公共图书馆应当开展面向少年儿童的阅读指导和社会教育活动，并为学校开展有关课外活动提供支持。作为上海浦东阅读节的其中一项特色活动，2018 年暑假，在 2017 年首届浦东新区青少年阅读计划课题项目的基础上，浦东图书馆联合浦东教育局开展“2018 浦东新区青少年阅读计划课题项目”。该项目以青少年为主要人群，鼓励学生自由组合，充分利用图书馆系统以及网络资源查找资料研究及分析，进行课题项目研究。组委会发布若干课题项目选题，并邀请相关专家对学生报告进行培训辅导、评审及奖项颁布。最后，浦东昌邑小学“七色光”团队凭借课题项目：《乐·色：关于城市生活垃圾的畅想》，摘得本次活动最高奖项“创新奖”。在课题报告中，小组成员以工业革命为分界线介绍了生活垃圾产生的历史背景，并通过 8 张手绘漫画的方式，畅想未来垃圾的归属，并提出只有“减少垃圾的产生，才能从源头上做到垃圾减量”。小组成员畅天祺告诉记者，为了做这个课题，小组成员跑遍了各大图书馆查阅相关资料，还特地前往老港生活垃圾科普馆进行参观。其实，主办方就是希望，通过课题项目活动，落实公共图书馆法要求，倡导学生主动参与、乐于探究、勤于动手，培养学生搜集和处理信息的能力、获取新知识的能力、分析和解决问题的能力以及交流与合作的能力，形成社会阅读的良好风气，推动社会文明进步。如果长期这样坚持下去，公共图书馆和中小学素质教育、能力教育结合就会做得很好。

3. 数字教育的兴起给予图书馆再次发展的空间

现代教育正从以教师、教材和教室为主的知识灌输过程转变为问题驱动、群组交互、富媒体表达的网络化知识探索、重组与创造过程。基于网络的“关联教室”（Connected Classroom），将课程网站、网络教室、多媒体教学资源、移动教学、交互式群组等有机结合起来，支持数字化交互式网络化移动化教学。翻转课堂更注重基于问题和项目的学习，学生主动探索知识、发现或试验各种可能性、组织设计解决方案及其循证化知识基础，从而获得对知识更深层次的理解。这些都给图书馆开展社会教育提供了契机。

四、成为科普体验中心

在社会环境变化、信息技术发展的背景下，数字阅读、新技术体验和创客教育等相继成为公共图书馆探索实践的焦点。以上海浦东图书馆为例，其在建设打造数字阅读新空间的过程中，努力将阅读服务、技术体验和学习促进相互结合，“数字体验嘉年华”就是这样的一个实践项目。

2017 年 7 月，浦东图书馆举行“数字体验嘉年华”活动开幕式。现场主要环节包括科学实验室团队带来的机器人开场舞蹈秀、科技 3D 打印展示、VR 产品演示科学实验室、干冰泡泡秀等等，开幕式现场极其热烈；开幕式后的各个环节，按照“课程化”排列，日常每天进行 1 至 2 场活动，并通过浦东图书馆官方微信报名预约，为接下来读者参与科技科普类内容持续受欢迎奠定了良好的基础。例如，每周二上午，STEM 科学实验室将设置干冰泡泡秀、3D 打印机互动体验，其目的是培养孩子乐于探索、勇于实践的创新精神。每周三、周五上午，青少年可参与 VR 体验，在虚拟实境中体验太阳系行星运行、宇宙大爆炸等浩瀚场景。每周四、周六上午，邀请了夏加儿的专业老师开讲儿童绘画黏土创作体验课程，培养孩子们的手脑协调能力。每周五下午，主办方提供 3D、4K 的高清数字全年龄的电影展播鉴赏活动。每周日下午，给小朋友们带来“青少年机器人创客”科学积木搭建课程，让小朋友们在愉快的探索过程中，学习科学知识。这些课程的设计，让不同类群的读者看着“菜单”点餐，提高了阅读推广的针对性，也让阅读推广更有明确的指向（见图 4-1）。

	项　目	内　容	时间/频次	参与方式
活动类	STEM 科学实验室	青少年科学体验	每周二 10:00-11:00	微信报名
	童绘彩蛋	儿童绘画粘土创作	每周四、六 10:00-11:00	微信报名
	数字电影	3D、4K 高清数字电影观赏	每周五 13:30	微信报名
	机器人探索	少儿乐高机器人搭建	每周日 13:30	微信报名
	VR 体验	天文、绘画主题体验	每周三、五 10:00-11:00	微信报名
	石头汤漂流	儿童绘本漂流活动	全程	微信报名
体验	VR 体验	古诗词欣赏	周一—周六 14:00-15:00	到馆体验
		自然生命探索	7 月 8 日 14:00-16:00	到馆体验
	环屏书体验	《海燕》、《道德经》、《前赤壁赋》、《哥伦布传》	每天 15:00-16:00	到馆体验
	涂鸦海洋馆	智能扫描投影互动	7 月 13 日-16 日 10:00-11:00 13:00-16:00	到馆体验
		耳机森林		到馆体验

图 4-1　2017 年数字体验嘉年华项目介绍

2018 年暑假来临之前，浦东图书馆同人就在思考，如何在去年成功举办第一届数字体验嘉年华的基础上，再接再厉，联合有关单位和机构，举办第二届数字体验嘉年华，让孩子们过一个欢乐的有意义的暑假，让更多人走进图书馆，理解图书馆，利用图书馆。接下来在为期一个月的活动中，浦东图书馆开展科普、科技、创客、数字阅读、艺术五大主题周。每个主题周当中将会贯穿相应主题活动，如：科普主题周的太阳能灯瓶、拉线飞机等手工课；科技主题周的 3D 打印、AR/VR 体验；创客主题周的保龄球赛、爬坡竞赛；数字阅读主题贯穿全部活动期间，其中的 270 度环屏阅读新体验、kindle、ipad 海量书籍在线阅读、歌德在线阅读机、集合朗读录制演讲阅读为一体的朗读亭等，让孩子们了解数字化时代的全新“悦读”技术，为暑期小朋友带来数字阅读的欢乐。艺术主题周的陶瓷手工课、中西音乐鉴赏讲座；在艺术主题周期间，浦东图书馆联合著名的雅昌艺术网举办《你应该知道的十位油画大师》的艺术展览。十位艺坛巨匠的名作集中亮相，从文艺复兴到巴洛克时代、洛可可风格、古典主义……只要你扫描每幅画上的二维码，就可知道这幅画的解读，读者就可寻觅着大师的笔迹，发现美，追求美，感谢美。

第四节　图书馆传播七规律

一、认同：馆员理解和认同图书馆是传播的基础

图书馆传播是必要的，但是传播不是目的，图书馆的基础仍然是为读者提供优质服务。这个基础是否牢固，根源于馆员对职业的理解力、认同度。没有这个根本，进行传播，无疑是缘木求鱼，舍本逐末。

作为一个公共图书馆馆员获得职业认同，面临很多复杂性因素，例如如何对待各式各样不同需求的读者，如何对待读者需求的资源无法满足的窘境？因为任何一个图书馆都不可能购买读者所需要的全部图书，也就是说，无论从资源建设还是服务人群，在职业现实中都存在很多矛盾。那么，馆员的认同感从何而来呢？

1. 加强学术研究

馆员不断实践，在实践中归纳总结，进行学术研究，课题研究，撰写论文和案例，在服务读者的同时逐渐也有收获和成就，这样就会降低职业倦怠感。从我个人的工作实践中，逐渐认识到，领导干部要带领馆员进行业务学习和研究，是一件非常重要的事，只有把馆员带动起来，让他们有成就感获得感，成为图书馆发展的主体，我们的事业才会蓬勃发展。

2. 认同管理理念

图书馆的管理要做实做细，环境要好，要干净整洁，从而吸引读

者。如同五星级宾馆一样富丽堂皇倒是用不到，但是像自己家一样精心打理图书馆是必需的。我们看到一些图书馆，一进门看到易拉宝之类的横七竖八地摆放，或者保安值班人员没有基本的站相，一下子感觉就不太好。

3. 改善阅读环境

图书馆要有更多的功能，更精心选置各种先进设备，让劳动更加便捷，创造一个优美舒适的环境，馆员就会在服务中提升认同度。现在一些图书馆条件好了，有了自己的展览展厅，但是如何去经营？如何体现出品位？阅览室的采光越来越好，桌椅愈加舒适，环境更加美观，书架高矮宽窄适当，许多现代化服务设施一应俱全，给读者以舒适感，反过来，读者对图书馆馆员相应会予以更多积极的评价。

4. 深入实践服务

在服务内容上，馆员不再只限于把书借给读者，而是指导读者去利用图书，随时解答读者提出的问题，在需要时给予帮助或进行个别指导；此外，图书馆还大力开展宣传工作，主动地宣传新书，宣传图书馆的服务项目和使用方法，也是提升自己职业认可度的有效办法。

5. 获得文化认同

我接触过一些图书馆，制度很多，管得很严格，也很死板，其结果如何？馆员不是真正认同了，而是更加怨声载道了。这样的图书馆管理是不是就走向了误区？因为没有文化认同的图书馆也难以让工作变得愉悦和快乐。

二、系列：坚持节点化、课程化、系列化传播

你看到过这样的图书馆传播吗？有的图书馆要搞一项大活动了，提前约好媒体记者在哪一天来，当天活动前记者来了，拍张照片，拿了采

访费，走了。至于能不能报道出来，效果如何？没人关心。这样的场景就是低效传播。因为没有准备和策划，没有素材提供，没有采访主线，没有结果落实。

馆员要有策划意识，有策划能力，结合重大活动、节日、纪念日，开展形式多样的读者活动，如新书推介、公益讲座、公益展览、读者联谊活动和各类竞赛活动等，通过活动，吸引社会公众的眼球，达到宣传的目的。

在策划如何传播时，要考虑到好的传播方式和效果，一定是符合一定规律才是最优的选择。例如，在节假日开展展览讲座，按照一定的系列和主题开展阅读推广活动等，才能集聚人气。

1. 坚持节点化

在建党周年庆、国庆期间，结合时代主题进行展览安排；在春节等传统节假日期间，注重具有民俗特色的展览；在寒暑假期间，力争引进更多适合青少年的展览；是在每年一度的读书节、文化艺术节期间，更加注重地方特色；中考、高考等节点，举办针对青少年群体的讲座等。

2. 坚持系列化

图书馆要提供阅读的内容，必须对内容进行分层分类，让读者清晰知道自己的阅读选择方向。浦东图书馆在实践中，依据读者的需求，分类开展大致十个系列项目阅读推广活动，获得了好口碑。如“浦东文化讲坛”是围绕经典传统文化系列主题；开展针对少儿的系列品牌阅读推广，提高孩子们的阅读兴趣；联合有关医学杂志进行健康知识的系列推广，让更多读者掌握健康知识；联合有关机构开展影音视听系列的推广；开展书画摄影欣赏推广；开展企业管理理论与实践知识的推广；开展针对盲人的阅读推广；开展英语口语的阅读与学习；开展以“问道教育”为代表的教育系列讲座等。

3. 坚持分众化

为残障人士服务、为青少年阅读服务、为机关企事业单位信息服务、为外来建设者文化服务、提供满足多元文化需求的精神产品。以浦东图书馆视障服务为例，通过开展盲人读书会、盲人电脑培训班等，帮助残障人士融入社会，2010 年还荣获国际图联基金会最佳实践奖（国际图联唯一团体大奖）。为青少年阅读服务方面，“故事妈妈讲故事”活动、“作家教你写作文”讲座、少儿志愿服务等已逐渐成为小朋友追捧的活动品牌。

三、品牌：建立品牌带动图书馆传播

1. 品牌及其价值

“品牌”源于最初的古挪威语“brand”，意为“打上烙印”。在企业管理活动中，品牌是一个企业的产品质量、价值、价格以及企业的形象、知名度、信誉度和服务水准等的综合体现。因此，品牌是品质的保障和形象的体现。品牌化的工具性价值越来越被大家所认可，品牌意识和品牌管理不仅广泛运用于经济领域，也被引入到公共管理领域。越来越多的非营利机构也采取了品牌化的做法，积极塑造自身的品牌形象，以求利用品牌的强大号召力实现自身的目标。

2. 图书馆品牌

图书馆品牌是具有自身独特的品牌特性，某一特色的信息产品或服务，一定特色或者独有的地方馆藏资源，几个深受读者追捧的讲座活动，如果能在同行业中形成差别优势，并且经过一段时间的积累和打磨，就可以形成图书馆的品牌。图书馆的价值，取决于读者需求的满足度，取决于读者信赖的忠诚度。因此，图书馆的品牌是读者对图书馆提供的质量或服务的高度认可。

刘敏在《图书馆文化品牌形象塑造研究综述》一文中指出，构建图书馆文化品牌形象是履行图书馆基本职能和培育图书馆竞争力的需要。图书馆品牌形象塑造必须从实际出发，以图书馆文化为支撑，成为历史文化的遗存地、现代文化的保留地和未来文化的创造地。实际上，只有一个图书馆有较多的文化品牌，才可能说有文化有竞争力。

3. 图书馆品牌需要符合社会需求

图书馆品牌建设大多和阅读有关，例如，中山市图书馆的“香山讲坛”、广西图书馆的“八桂讲坛”、山东图书馆的“大众讲坛”、浙江图书馆的“文澜讲坛”等，这些文化讲座品牌树立了其公共图书馆的文化品牌形象。以浦东图书馆“浦江学堂”品牌为例，当初是由上海电视大学鲍鹏山教授联合浦东图书馆组织策划，每年招收 30 名二至三年级的小学生，每周六参加免费的国学经典的课程学习，目的是通过三年系统读完“四书”课程，让《论语》《孟子》《大学》《中庸》《诗经》和《庄子》等中国传统文化典籍走进孩子们心中，让中国人的世界观、人生观、价值观和审美观扎根在其童年时期，这个品牌获得上海市精神文明建设一等奖，其价值就在于符合了社会对传统文化的需求。树立图书馆品牌意识是图书馆事业的发展趋势，也是提升图书馆竞争力的需要。

4. 品牌建设需要“名人效应”激发

山不在高有仙则名。打造一个品牌，特别是文化品牌，需要时间积累，也需要热点和兴趣引导，包括名人的效应。当社会上出现一个热点或名人话题时，大家都会口口相传，在微博微信中讨论和转发，从而一波波激发潜在读者阅读，或者让人们产生了解图书馆的兴趣。当一个人对某种事物产生兴趣时，便会对它产生特别的注意，对该事物或活动感知敏锐、记忆牢固、思维活跃、想象丰富、情绪高涨，克服困难的意志力也较强。

四、专业：以学术专业影响力引导传播

传播不仅仅是要对公众，也要对图书馆业界传播，让专家学者对你的图书馆有所了解，并且通过传播，让业界馆员对图书馆工作有思考，学术有成长。

1. 举办或参与各层次学术活动，树立图书馆专业形象

有的图书馆坚持每年举办一次学术论坛，甚至是国际论坛，例如，杭州图书馆、上海图书馆就是两年举办一次国际论坛，邀请各界专业人士讨论这个学科的进展和态势。最大规模的业界盛会是中国图书馆年会，每年都会邀请来自国家馆、地方馆等国内图书馆学界、业界著名专家学者，从中国公共图书馆事业发展的战略视角探讨图书馆面临的重点与难点，以及最新实践或研究成果，这时候，图书馆就应该主动申请参会，通过举办展览、分论坛等形式传播自己的专业形象。

2. 开展多领域科研课题研究

中国图书馆年会毕竟是机会难得，一年才一次，但是图书馆也可以结合科研工作，积极组织馆员申报国家或省市级图书馆学会等课题项目，提升馆员参与学术活动的热情，传播自己的思考。例如，为开展多领域科研课题研究，关注实践研究，推动科研工作，提升研究水平，浦东图书馆积极组织馆员申报上海市图书馆学会、浦东图书馆学会等课题项目。

3. 成立区域图书馆学会也是一种传播

精心组织学术交流活动，扎实推进科研工作，不断强化组织管理，为各公共、高校、中小学图书馆及相关企事业单位搭建了学术交流与合作的平台，有效融合处于分散状态的图书馆界学术、智力、技术、设施

等软硬件资源，实现资源共享与资源互助，全面提升区域图书馆学术研究和专业发展的空间。

4. 和高校建立专业合作基地

例如，2012 年，浦东图书馆与华东师范大学信息学系合作，集中优势资源，携手共建“华东师范大学—浦东图书馆图书馆学情报学硕士专业学位研究生实践基地”，最终获得上海市学位办批准立项，成为上海公共图书馆系统中唯一的一个上海市图书馆学专业研究生实践基地，通过合作，双方增进了互相了解，这也是传播图书馆的重要手段。

五、范式：形成范式激励传播

所谓范式指的是一个共同体成员所共享的信仰、价值、技术等的集合，范式从本质上讲是一种理论体系，其中很重要的是制度，制度具有刚性，也具有导向性。我们重点讲讲制度。

所谓制度，一般指要求大家共同遵守的办事规程或行动准则，也指在一定历史条件下形成的法令、礼俗等规范或一定的规格。在不同的行业不同的部门不同的岗位都有其具体的做事准则，目的都是使各项工作按计划按要求达到预计目标。

美国新制度经济学代表人物诺斯（North）称，制度是人们制定的一系列规则、遵守的程序、服从的道德行为规范，制度能够约束追求主体福利或希望取得效用最大化利益的个人行为。哈佛大学教授彼得·豪尔（Peter Hall）对制度的定义是“正式规则、服从类程序以及模式化的操作流程”，认为这样的制度构建着不同政体或社会群体中行动者的相互关系。美国著名国际关系学者约翰·伊肯伯里（John Ikenberry）将制度分三个层次，最微观的层次是某一组织中的具体制度，中观的层次是政治制度的结构和模式，而最宏观的层次是一个国家和社会的体制、秩序。总体而言，制度的含义主要包括规则、程序、规范等。另外，在英文语境中，制度还有组织的含义。本研究界定下的制度同时包括作为组织和作为规则的制度两层意义。公共图书馆要进行传播，还是要以制度为基础，确保传播有章可循。例如，信息如何发布，谁来审核？具体哪些可以发布，哪些不能发布？是不是要有一定的激励措施，如何鼓励图书馆馆员进行传播？

以笔者所在的浦东图书馆为例，是以组织架构加文件形式落实宣传传播任务，并予以适当的奖励。在成立组织机构上，成立新闻外宣办公室（挂靠在馆办公室下），办公室主任由馆办主任兼任。

（1）明确每个部门职责任务。办公室负责官网、微信、媒体采访、馆简报、照片提供等传播；人力资源部负责党建和文明创建等；读者服务中心负责读书沙龙、盲人活动、影音等；少儿馆负责其活动信息发布内容提供；采编部负责新书推荐等信息报送等。

（2）指定信息员岗位职责。馆办公室信息员负责的宣传信息包括：图书馆官网上部门所属栏目信息更新、OA 内网栏目信息更新、及时向馆报和简报提供稿件（活动预告和简讯）和照片。信息是指：活动预告、简讯（信息）、视频和照片。其他各部门信息员职责：负责图书馆官网、OA 内网中本部门栏目信息发布和更新。及时向馆报、简报信息员提供稿件和照片。

（3）考核和奖惩。对完成《年度浦东图书馆传播工作方案》要求的信息员，按照方案给予相应奖励。对未完成要求的部门主任，将根据考核条例等，不能参加本年度优秀馆员、先进工作者等荣誉候选人评选。

这里要注意的是，范式或制度并不能解决所有问题。很多图书馆传播还是需要发自馆员内心对工作的理解和认可，不是简单地推行制度就一了百了。

六、合作：建构良性的读者关系和社会关系

1. 读者参与是最好的合作

新西兰教育学者约翰·哈蒂（John Hattie）用了 15 年，对影响教学效果的因素进行了史上规模最大的实证研究——他对 800 多项元分析进行检索，涵盖了 52 637 项研究论文以及 146 142 个效应量，涉及不同国家、民族、社会地位和文化背景的学生近 2.4 亿人，最终归纳出了 138 个影响学业成就的重要因素，结论是“教师及反馈的力量”是影响教育最重要的因素。

这 138 个重要因素分为 6 个范畴：家庭、学生、学校、教师、教学、课程，师生关系在 138 个重要影响因素中位列第 11 位。约翰·哈蒂用实证的方法说明了一个众所熟知的教育原则，就如中国先人所说的——“亲其师，信其道”。

学生因为喜欢某位老师而对某学科产生兴趣，就会愿意学习这门学科，在学习过程中表现出更高的热情、更多的付出、更浓厚的兴趣、更主动的精神、更积极的态度、更坚韧的毅力、更强大的克服困难的勇气和决心。这样的事情几乎每一位教师都曾遇到过，并将其视为自己教育的成功，从中感受到做教师的成就感和幸福感。

图书馆也是一样的，图书馆馆员和读者的关系把握也是一样的。当前公共图书馆在传播上还缺乏与读者制度化的交流体系，不能及时有效地了解读者的需求变化，在很多时候就无法帮助读者解决阅读方面的障碍与困惑，这些问题带来的后果就是有时候不知道读者是谁，他们想要什么，我们能提供什么样子的服务。所以，图书馆传播，首要的还是做好读者服务工作，这个问题接下来会讲。

2. 合作机构

图书馆要树立品牌、传播好自己，必须以优质活动来吸引读者，这就要社会机构的参与和帮助为佳。例如，导读书目是针对一定的读者对象，围绕某一专门问题，对文献进行选择性的推荐，供读者学习某门知识，了解某一事件而编制的书目。也称为推荐书目、选读书目。现在，众多的导读书目，让不少读者眼花缭乱，而且一些导读书目的专业性针对性不强。因此可以和出版社、杂志社合作编制富有针对性的导读书目、设计阅读指导课进行传播，明确“读什么”。

3. 合作学校

我国《中小学图书馆（室）规程（修订）》中指出：图书馆要配合学科教师组织形式多样的读书活动，对学生进行课外阅读指导，并开展图书情报教育课、图书和图书馆知识介绍、工具书使用方法、图书的选择和读书以及读书卫生知识等方面的指导。学校应开设阅读指导课并纳入教学计划，有条件的学校要开设电子阅览指导课，指导学生正确运用电子阅读系统。中小学图书馆应有效运用阅读课指导学生更好地进行课外阅读，提高学生阅读能力，培养学生阅读习惯。图书馆可以走进中小学校，联合举行读书交流，共同推进阅读传播工作。

4. 合作名家，指导“如何读”

经典不可穷尽的“张力”使得经典阅读大多时候并不轻松，仅仅凭借图书馆自身的努力，有时确实无法解决经典著作阅读的难度。在大学有通识教育，通识阅读，早在20世纪三四十年代，美国芝加哥大学校长罗伯特·哈钦斯（Robert Hutchins）就提出：大学应该不分系科和专业都应当首先研究“西方经典”或者“伟大著作”，发起了一场大学“通识教育”运动。“他山之石，可以攻玉”，我们可以借鉴大学图书馆和国外经验，在公共图书馆集合名师，组建阅读导师团队，开设经典著作阅读通识课程，引导、指导读者阅读经典。

七、品质：高质量服务是传播的核心

《圣经》里有一段话，大意是这样说的：聪明的人，就好像把房子盖在坚固的石头上一样，不怕风吹雨打。否则，那就好像把房子盖在沙土上一样，风吹雨打就倒塌了，并且坏得很厉害！

我们借用这句话来说明，传播的技巧运用得再熟练，也比不过做好基础工作和提供高质量的服务重要。实现高质量服务，是图书馆可持续传播的核心。那么，哪些是图书馆基础服务，哪些又是高质量服务呢？

从理论上来说，图书馆服务包括核心服务，如满足用户核心需求的借阅、咨询等文献服务，其次是表现为态度、效率等展现出来的满足读者心理需求的需要，我们称之为形式服务，最后是提供饮食、停车等便利服务，也称之为附加服务，尽管这样区分，但实际上三者并不是孤立的，而是互相依托的。

我们以浦东图书馆为例。2015 年，结合文化部公共文化示范区建设要求，浦东政府委托零点调查公司对浦东图书馆服务满意度进行调查，主要从三个方面进行：一是硬件设施；二是管理服务；三是活动开展评价，具体见表 4-1。

表 4-1　零点调查公司所做的服务满意度调查

二级指标	满意度得分
管理服务	89. 14
硬件设施	87. 87
活动开展	87. 79

这次调查，浦东图书馆管理服务满意度总体评价为 89.14 分，处于优秀水平。

“免费开放，保证公益性”“馆内覆盖免费 Wifi，上网便捷”“场馆管理运作有序”“涉及收费的项目，收费合理”指标均在 90 分以上。得分最低的两项为“工作人员服务态度热情礼貌”和“开放时间合理，能满足日常需求”，两项均处于良好水平，未达到优秀。具体见表 4-2。

表 4-2 零点调查公司对三级指标的调查

三级指标	满意度得分
免费开放，保证公益性	92.34
馆内覆盖免费 Wifi，上网便捷	91.55
场馆管理运作有序	91.16
涉及收费的项目，收费合理	90.95
工作人员业务熟练，专业性强	89.98
及时处理公众的建议、咨询、投诉	89.85
公开公示服务、咨询、受理电话	89.74
工作人员服务态度热情礼貌	84.68
开放时间合理，能满足日常需求	82.91

因为态度的礼貌、开放时间等尚未达到读者非常满意的水准，这也提示我们做好下一步工作尚需努力。如果这些都做好了，图书馆传播就有了扎实的基础和依靠。其实，阮冈纳赞提出的五定律，都包含着图书馆基础服务和高质量服务的意义和价值。

做好高质量服务，首先要为读者着想。遵循阮氏第四定律——节省读者的时间，也是做好高质量服务的重要内容。在美国，19 世纪末就已实行了开架借阅，开架借阅既可以完全杜绝柜台前等候所造成的时间浪费，也会使在繁杂的目录中反复查找所造成的时间浪费降到最低点；开展参考咨询工作，把图书馆的不同部门及其服务项目介绍给读者，指导读者利用图书馆，帮助他们尽快获取所需要的资料，可以大大节省读者的时间。目录组织出纳方法、剔除工作、馆址的选择都是实施第四定律的重要因素。开展网络服务、24 小时自助服务、延长开放时间等，都是这一定律的体现。

图书馆传播有巨大的增长空间。2005 年，北京大学李国新教授曾经就中日两国图书馆的服务效益做了对比，从对比的结果中我们看到了两国在图书馆服务效益方面的巨大差距：我国公共图书馆外借图书总数为 2 亿册次，日本公共图书馆外借图书总数为 5.5 亿册次。我国平均每馆外借 7.4 万册次/年，日本平均 20.3 万册次/年，日本是中国的 2.7 倍多。我国平均每一图书馆馆员外借 4 160 册次/年，日本平均 3.3 万册次/年，日本是中国的 7.9 倍多。我国平均每馆服务持证读者 3 400 多人，日本平均每馆服务持证读者 1.5 万多人，日本是中国的 4.4 倍。

评价指标和结果的变化，用来比较同一图书馆在不同时期的绩效，比用来比较不同的图书馆作用更大，价值更高。例如，我们在 1995 年、2000 年和 2005 年等连续五年比较一个图书馆的数据，也许更能体现传播的效果。道理并不难理解。图书馆有不同的类型，性质、功能、特点、服务人群有区别，所处的环境和具备的条件不一样，因此在相当大程度上很难做科学意义上的横向比较。

传播也要有评估。

第五章 图书馆传播效果评估

传播效果评估是检验信息传播的有效手段。传播效果是指传播者发出信息，通过一定的传播渠道到达受众之后所引起的受传者思想与行为的变化。传播效果位于传播过程的最后阶段，是诸种传播要素相互作用的集合效应，也是受众受到信息作用后在某些方面发生的具体变化，是受传者对传播的反应。

长期以来使人们将图书馆当作只有投入没有产出的社会机构，忽视了图书馆所具有的生产性质；另一方面，传播带来的读者受益的无形性、隐蔽性决定了传播效果研究成为难题。目前，知识工程、传播学、信息经济学、认知心理学及计算机科学等多种科学技术都从不同的角度对其进行研究，力图揭示效果产生的本质机制以及效果测度的最佳方式，但实际上还没有取得突破性进展。所以，我们就此话题展开讨论，无疑是一种冒险，也是一种尝试，因为一个图书馆的社会传播效果，受社会因素、地理位置、读者因素等外因影响，也受馆藏文献信息的数量和质量、馆舍条件、传播方式、传播技术、馆员能力和服务态度等内因的影响。

第一节　图书馆传播效果评估特点及因素分析

国际上对图书馆的评估，相对而言重视很多。例如，按照营销大奖的申报模板，它要求图书馆对申报营销奖的项目进行效果评估，而且要有评估的实际数据。这个方式就颠覆了我们以往推行服务项目/读者活动的方式，即关注效果少、只要把项目/活动顺利完成就行的现象。图书馆传播效果评估主要从政府评估与受众反馈两个方面进行。

一、图书馆传播评估特点

图书馆传播效果是指图书馆通过文献信息的传播，通过文献、阅读活动等与读者的结合，实现文献资源信息的利用价值，做到传承文化遗产，开展社会教育，传递科学知识，提供文化娱乐，从而促进人类社会的发展和进步，这是图书馆所追求的传播效果。图书馆传播有哪些特点呢？

一是传播带来的读者受益的无形性、隐蔽性决定了评估的难度。图书馆传播效果产生于用户接收信息、消化信息和运用信息从事某种活动之间，它的核心以及形成传播效果的具体过程，都深藏在用户的脑海中，我们只能通过间接的手段、运用科学的实验方法，从其明显的行为和其他表现中推测和探索，因而效果具有很大的隐蔽性。很多时候，我们从读者到馆数量、文献借阅量等来简单核算，也是一种无奈之举。另外，从价值工程学的角度分析，图书馆的投入在数量上表现得十分清晰，而产出却比较模糊，究竟产生了多大的收益，无法以数量清楚地表示出来。这种隐蔽性特点，掩盖了图书馆巨大的社会经济效益。

二是图书馆传播效果侧重点决定了具有复杂性。以图书馆文献资源利用为例，在实际工作中图书馆对传播效果的追求有两种不同的侧重点：一是以最大限度地满足用户需求为主导，一是以最大限度地实现文献价值为主导。

就前者而言，满足用户需求的程度越高，则传播效果越好；就后者而言，图书馆的文献信息能得到更好的开发和利用，就能实现其价值。文献利用率越高，则传播效果越好。这两种从理论上讲都有其合理性，但事实是用户需求的满足程度与文献价值的实现程度往往是相矛盾的，它们在数量上呈逻辑反比关系。

因为要想最大限度地满足用户需求就必须有大于或等于用户需求范围的文献做保证，而用户需求的差异性决定了这一庞大的文献集合中，只有处于中心地位的文献才能实现其价值，而更多的文献则被排斥在用户接受之外。很显然，满足用户需求是以可能大量浪费文献价值为代价的。

同理，要最大限度地实现文献价值，则必须以牺牲用户需求为代价。对于图书馆文献利用的分析表明，规模越大的图书馆，找到想要的文献资源有时候并不是一件容易的事，其文献利用率通常越低，但满足用户需求的程度却越高。这种状况造成了图书馆传播效果评价和研究的复杂性。所以，在不损害用户需求的前提下，如何最大限度地提高文献信息利用率、实现其资源价值，是图书馆传播效果研究中有待深入探讨的重要问题。

二、图书馆传播效果评估因素分析

图书馆在传播活动中，从信息的采集、整理到编码、传递，从传播者到中介者、受众，从接受信息到产生效果，是一个相当复杂的过程，其中很多因素影响到传播效果。制约传播效果的因素从总体上看可以分为外部因素和内部因素两大类。外部因素也称为环境因素，包括社会制度、国家政策、经济、科学水平、社会信息意识和文化背景等，都会对信息传播效果产生一定影响。内部因素是传播过程的各个要素，例如：传播者的知识水平、服务能力、工作效率等；信息内容的真实与否、适用性以及可验证性；传播媒介、方式是否先进；受众的认知水平等。本文仅就影响图书馆传播效果的内部因素——图书馆自身的因素进行探讨，因为内部因素是决定图书馆传播能否取得理想效果的主要依据。

1. 馆藏文献的数量与质量

不论是传统图书馆还是现代图书馆，以至于发展至今的“复合式图书馆”，文献信息都是图书馆传播活动的物质基础。只有文献信息发展到一定规模，并在学科结构、文种结构、复本结构等质量方面与用户需求达到一定的匹配时，传播活动才能有效地开展。

2. 文献信息的加工深度

文献信息的加工深度与图书馆传播质量有密切关系。传统的图书馆文献加工多限于揭示文献的外表特征，很少深入文献内容或知识单元。随着社会经济和科学技术的发展，用户的需求专门化，往往深入到文献中的知识单元，如事实、数据、图表等，与之相适应的文献信息加工也必须向纵深发展，进行二次、三次文献的深度开发，才能有效地满足用户需求。

3. 图书馆的传播方式

现在很多图书馆结合文化部规定的评估定级工作，已经开展了形形色色的传播改单，最明显的是微信和 APP 的使用。通过微信、微博、官网等传播手段，及时把活动信息、文献信息发出去，让更多受众知晓，已经取得了不俗的成绩。这个传播方式不仅和图书馆阅读推广活动有关，也和文献结合有关，很多图书馆通过新书推荐、读者荐书等形式，也在进行着文献的传播，但主要的还是阅读活动的传播。如果把一本本文献比喻成沉睡的书籍，那么，就文献而进行的阅读推广活动可谓是激活文献的重要手段之一。

第二节　图书馆传播评估

如何评估图书馆的传播效果呢？这里讲三个方面：一是政府层面，一般是从部门立法、评估考核标准制定等角度进行规定和评估；二是图书馆自身和图书馆行业协会的评估；三是读者对图书馆的评估。其中，读者的评估将是本节讲述的重点。

一、美国：图书馆传播评估的实践

20 世纪 90 年代初，国外开始开展图书馆服务质量和读者满意度的调查，努力寻找不同的办法尝试发现问题并改进服务质量问题。比如，开始统计各种关于服务质量的有效数据（如书目循环效率、馆际互借效率和文献传递效率等）。

1999 年前后，美国图书馆中大约有 68%的成员馆进行了读者满意度的调查活动。例如，美国加州大学在圣迭戈进行了一次问卷调查，调查目的是获取用户对图书馆资源和服务的优秀和出色程度做出的评价。

调查的内容一般限定于图书馆图书资源、图书馆基础设施和图书馆服务几个方面，后期又增设相应的满意度评定方面的指标。当然，国内外类似的调查评估也存在一定的问题，主要是：这种评价是一种服务体验的后续反馈评价，对有效的服务改进的支持力度不够。

1999年12月，美国研究图书馆学会（Association of Research Libraries, ARL）根据美国得州农工大学（TEXAS A&M）图书馆六年来对服务质量的研究和实践经验，共同发起了“LibQUAL+™”研究计划。“LibQUAL+™”的理论基础源于“服务质量差距理论”，即最终的服务质量取决于用户感受到的服务水平与用户期望的服务水平之间的差距，用户的意见是评价图书馆服务质量的唯一依据。“LibQUAL+™”研究计划把图书馆质量划分为以下五个层面：

服务效率（Affect of Service）；

可靠性（Reliability，指服务机构服务的准确性和服务的可靠性）；

图书馆整体环境（Library as Place）；

图书馆馆藏的提供（Provision of Physical Collections）；

获取图书馆信息的途径（Access to Information）。

五个层面都和图书馆传播有关也都可以作为图书馆传播的评估依据。

二、立法：公众参与制度倒逼图书馆开展传播

我国第五次公共图书馆评估定级标准里增加了图书馆服务宣传、活动参与人次等考核指标，这预示着两个指向：一是从过去单纯重视“建设”的导向转向既重视建设也重视服务效益的导向；二是从过去单纯以文献服务为轴心的服务模式向文献服务与读者活动综合性服务模式转变。当中国的公共图书馆转向效益驱动的运行模式，最直观的改变将

是，从强调图书馆“有”什么改变为强调图书馆“能做什么”和“做到了什么”。这种评估方向的转变，无疑将给图书馆及其传播带来一种前所未有的活力。

2018 年 1 月开始实施的《公共图书馆法》第四十七条明确规定：国务院文化主管部门和省、自治区、直辖市人民政府文化主管部门应当制定公共图书馆服务规范，对公共图书馆的服务质量和水平进行考核，考核应当吸收社会公众参与（见图 5-1）：

公众参与评估图书馆具有重大的意义。这就意味着，公共图书馆再也不能自娱自乐地开展工作，而是要让读者参与进来。而让读者知晓，就首先需要传播。所以，我们看到，最初的图书馆服务质量评价多基于图书馆自身的藏书量、图书馆环境与经费等因素，已经发生根本变化。

三、考核：评估定级中明确将传播作为考核内容

在 2017 年文化部开展的第六次图书馆评估定级工作中，不仅明确提出了公众参与制度，而且较为详细地列出了图书馆在传播方面的一些考核指标，见表 5-1。

由表 5-1 看出，图书馆服务宣传推广这个二级指标中，基本分值 0~15 分；网站、网站访问、微信服务占 50 分，在总分 1 000 分中，占比已经较为突出，也反映了文化部对图书馆传播工作的高度重视。

表 5-1 第六次全国公共图书馆评估定级标准（部分）

标号	一级指标	二级指标	指标值	基本分值	加分项分值	指标解释与分项说明	指标索引号
1.3.7		图书馆服务宣传推广		0-15		基本分项包括：(1) 服务宣传周的媒体宣传推广工作，2.5分；(2) 全民读书月媒体宣传推广工作，2.5分；(3) 世界图书与版权日的媒体宣传推广工作，2.5分；(4) 对其他相关活动的媒体宣传推广工作，2.5分；(5) 馆内、馆外利用各种方式开展的书刊宣传推广活动，5分	B1166
1.5	**网络资源服务**			**30**	**15**		B1171
1.5.1		图书馆网站		0-10	0-5	1. 基本分项包括：(1) 网站结构，2分；(2) 网站内容，2分；(3) 网站美化，2分；(4) 网站维护，2分；(5) 管理与更新等方面，2分。 2. 加分项：图书馆网站中有英文网页，加5分	B1172
1.5.2		年人均网站访问量（次）	0.2 0.15 0.1 0.05 0.01	10 8 6 4 2	0-5	1. 年人均网站访问量指图书馆网站中所有网页（含文件及动态网页）被访客浏览的总次数/服务人口。 2. 加分项：网站提供实时访问统计数据，含访客数据、访问页面等，加5分	B1173
1.5.3		可远程访问数字资源占比（%）	30 20 15 10	10 8 6 4	0-5	1. 计算方法：可远程访问的数据库个数/本馆发布服务的数据库的总个数×100%。 2. 加分项共5分：达到50%，加2分；达到80%，加5分	B1174
1.6	**新媒体服务**			**20**	**10**		B1175
1.6.1		微信公众平台、微博服务		0-10		基本分项包括：(1) 有正式注册微信或微博平台，若有1项，1分，有两项，2分；(2) 微信平台关注者数量或微博粉丝数量二者之和占注册读者的比达到10%的，1分，达到30%，2分，达到50%，3分，达到70%，5分；(3)	B1176

四、受众：传播评估的最直接评判者

了解受众对图书馆传播的反馈，就是对图书馆的传播评估，其方法主要体现在：一是看图书馆微信、微博、官方网站、数字资源使用等网络阅览使用情况；二是看图书馆各项阅读推广活动的网络报名情况；三是看图书馆人数和文献借阅利用率等；四是通过问卷调查等，听取受众对图书馆传播的评价并进行分析；五是召开读者座谈会，听取读者对传播的意见；重视读者来信来访工作，检查图书馆传播中存在的问题等。

在受众反馈图书馆传媒时，评估者可对全部用户进行调查（这个在国内还是比较少的），或是采用随机抽样的方法，从不多的用户样本中获取尽量可靠的数据，使研究更经济高效；一般而言，受众对传播效果的最直接表现就是入馆人数持续增加（但是会有一个饱和值），还有就是在读者调查中，看读者对图书馆传播服务满意率的提高。图书馆传播工作的优劣，其衡量的尺度尽管有多种，但是最根本的、最具说服力的、最具权威性的评价指标是读者的满意率。这里主要谈服务满意度情况。

1. 服务满意度决定着图书馆传播效果

读者满意度维度主要从读者（用户）对图书馆环境、资源、服务、期望—感知值的对比和总体满意度这五个方面考察，包含：

图书馆馆舍环境的满意程度；对图书馆资源（实体与电子）的满意程度；对图书馆服务态度与服务效率的满意程度；与期望值相比，实际感知的图书馆服务质量。

美国宾夕法尼亚州立大学的安达利和西蒙兹教授设计出了以“用户满意”为研究基点的五个命题，这一理论对图书馆传播效果评估具有一定的借鉴意义，这也是图书馆传播的重要内容。这五个命题即：

命题1：让用户感受到的图书馆资源质量越高，用户满意度就越高；

命题2：图书馆工作人员反应性越强，大学图书馆用户的满意度就越高；

命题3：感受到的图书馆工作人员能力越强，用户满意度就越高；

命题4：图书馆工作人员道德行为越积极，用户满意度就越高；

命题5：感受到的图书馆设施外观越好，用户满意度就越高。

2. 图书馆传播效果可以通过外部服务质量测量表测评

郭云鹏在其博士论文研究中提出了“满意镜像”理论。该理论认为，服务行业的员工对工作的满意程度和服务对象（顾客）的满意程度之间具有紧密的关联性，二者之间的相互影响如同“镜像”一般：员工满意度提升，会激发高涨的工作热情，从而有利于为顾客提供优质的服务；而顾客的满意度和忠诚度均提升，会带来持续性的经营效果、低成本的高利润，更有利于公司的发展。从而使企业员工进一步获益，员工的工作热情进一步增长，服务质量更加优质化，形成一种良性循环。为此，郭云鹏制作了一个外部服务质量满意测量表（见表 5-2）。

表 5-2　外部服务质量满意测量

要素	项目	传播及效果
外部环境设施	1. 能感受到图书馆安静的学习氛围 2. 环境干净、整洁、清新 3. 设施布局合理，设备现代化且实用 4. 有方便读者交流的空间	好
资源获取	1. 有方便读者检索的方式 2. 有明确的指示指引 3. 网站有资源检索和获取说明 4. 能够提供复印或文献传递服务	好
馆藏资源	1. 书籍完整、来源权威 2. 馆藏资源的覆盖面能够涉及我需求的领域 3. 资源的适用性能够对我的学习研究有参考价值 4. 资源能够保持良好的更新率	好

续表

要素	项目	传播及效果
服务魅力	1. 服务人员有规范的仪表和行为举止 2. 馆员有好的态度和服务意愿 3. 服务人员能够与读者合理沟通，有效处理读者意见建议 4. 能够对读者的个性化需求进行关注	好
服务保障	1. 提供即时用户服务模式 2. 馆员具备提供服务的能力 3. 能够对读者的需求进行准确把握 4. 可靠解决读者的问题	好
用户满意度	1. 您对图书馆馆舍满意吗？ 2. 您对电子与实体资源满意吗？ 3. 您对服务态度满意吗？ 4. 与期望值比，您感知的图书馆服务质量如何？	好

通过这一表格，我们发现，这就是我们平常用于读者问卷调查的基础内容。在网络时代，我们还有一种渠道，就是通过网络收集读者意见（见表 5-3）。

表 5-3　2016 年大众点评网对上海部分区县图书馆评价

	星级	点评量	点评起始日	五星	四星	三星	二星	一星	书籍	环境	服务	平均分
浦东图书馆	5	1887	2006年	951	680	104	15	17	9.2	9.3	9.1	9.2
			7月27日	53.82%	38.48%	5.89%	0.85%	0.96%				
嘉定图书馆（新馆）	5	218	2013年	114	81	13	6	4	9.0	9.2	8.5	8.9
			7月21日	52.29%	37.16%	5.96%	2.75%	1.83%				
闵行区图书馆	4.5	237	2008年	101	94	30	5	6	9.0	9.0	8.4	8.8
			7月3日	42.80%	39.83%	12.71%	2.12%	2.54%				
上海图书馆	4.5	2152	2006年	496	876	255	20	22	8.1	8.0	7.2	7.8
			4月9日	29.72%	52.49%	15.28%	1.20%	1.32%				
普陀区图书馆	4.5	394	2010年	136	194	46	14	4	9.0	9.1	8.1	8.7
			1月5日	34.52%	49.24%	11.68%	3.55%	1.02%				
长宁图书馆	4.5	524	2006年	163	229	30	12	4	8.3	8.3	7.6	8.1
			12月17日	37.21%	52.28%	6.85%	2.74%	0.91%				
虹口区图书馆（总馆）	4.5	399	2006年	112	154	65	4	7	8.0	7.5	7.4	7.6
			5月20日	32.75%	45.03%	19.01%	1.17%	2.05%				
宝山区图书馆	4.5	270	2006年	110	65	26	1	19	9.0	8.7	7.4	8.4
			8月1日	49.77%	29.41%	11.76%	0.45%	8.60%				
静安区图书馆	4.5	192	2006年	45	80	37	3	1	8.1	8.0	8.0	8.0
			8月12日	27.11%	48.19%	22.29%	1.81%	0.60%				
徐汇区图书馆	4.5	334	2006年	66	128	52	4	3	8.4	8.1	8.0	8.2
			4月23日	26.09%	50.59%	20.55%	1.58%	1.19%				

表 5-4 是 2018 年 9 月通过大众点评网对上海主要三个图书馆影响力的分析。

表 5-4　大众点评网对部分图书馆影响力的分析

馆名	星级	首次点评时间	点评情况			
			总量	好评	中评	差评
浦东图书馆	五星级	2006年7月27日	3091	2777	134	66
上海图书馆	四星半	2006年3月31日	3292	2169	415	165
嘉定图书馆	五星级	2008年6月24日	1137	1018	66	43

（数据截至 2018 年 8 月 31 日）

3. 受众的需求和评价决定着图书馆下一步传播的方向

一般来说，一个运作良好的图书馆，会收到来自读者的反馈信息非常多，如需求图书讲座的信息，希望图书馆推荐购书信息，对图书馆的服务如投诉或表扬等提出诉求。总体来说，读者的反馈归结为两类：读者需求与读者评价。图书馆需求收集的渠道可分为：主动收集如问卷调查、座谈会等，被动收集如馆长信箱接收的来信等。评价也是有正负两面之分，但更多的是收到的负面评价多一些，因为对于负面的服务，更容易引发读者的投诉。图书馆针对读者的需求和评价进行评判研究，是下一步传播的方向。这是因为：真诚和有效地处理读者需求与反馈是图书馆传播的重要内容。

在实际工作中，一般的图书馆都是采取多种形式进行读者意见建议的收集，有的图书馆还建立读者意见处理与反馈制度，读者可以在总服务台、意见箱、官网上的馆长信箱、大众点评网上等多途径提交对本馆的馆藏、服务、设施等方面的建议和意见，相关馆员对读者提出的每一条有效建议和意见都认真记录，并针对咨询类意见、投诉类意见、合理化建议、表扬等，采取不同形式给予妥善答复和处理。这些工作做不好，传播就难以落地，读者对图书馆的服务是打折扣的；这些基础工作做得好，就是实实在在的传播。

及时的反馈传播影响着图书馆读者的下一步需求。读者的总体需求是千差万别的，但仍有规律可循、不同的读者有不同的阅读倾向，有的读者阅读动机是有意识的，有的是无意识的；有的是长远的，有的是近期的，总的来说，读者的阅读动机有以下几种：充实和提高自己的科学文化水平，这是学习动机；为解决科研和学习工作上的实际问题，到图书馆查阅参考资料，这是解疑动机；在工作之余，为了消遣、文化享受而到图书馆进行阅读，这是娱乐动机；为了应付各种考试和考核而利用图书馆，这是应试动机；认识不清，生活乏味，到图书馆转转看看，这种阅读动机不明，持续时间也短。如果对读者的阅读需要与动机掌握不够，传播或宣传推广就很难切实有效地开展，满足读者需要、充分发挥图书资源的作用也就成为一句空话。图书馆传播只有拥有真实的读者最关心、最感兴趣的信息内容，才能贴近和满足读者需求，使其产生阅读兴趣，图书馆工作才拥有真正的传播力量。

4. 传播效果决定着图书馆要尽量满足读者的需要与动机

当读者产生了某种需要或动机后，一切能够帮助读者借阅到所需图书资源的信息，对读者来说都具有一定的实用价值，容易引起读者的注意。有关信息加工的动机理论表明，信息加工的行为倾向性取决于三个因素：需要、期待和消息的价值。我们可以设想读者是如何对哲学图书资源反应的。假设图书馆发布了一则哲学主题书展的消息，对于非哲学专业的学生或对哲学没有兴趣者来说，这也许被当作无关信息过滤掉。可是，对于哲学专业的学生或对哲学很感兴趣的读者则是令人兴奋的消息，他们如获至宝。很明显，如此不同的反应倾向，来自各自不同的需要。在信息具有很大的实用价值时，较长的或者较详细的宣传推广信息可能正是有关读者所期待的。

5. 到馆读者的日益增多是传播评价的最好体现

我们以浦东图书馆近几年读者到馆量等几个指标为例，说明馆藏文献、活动传播之间的关系，我们看到，随着活动场次的增加，新购藏书的增加，文献外借册次和到馆人数也是逐年增加（见表 5-5）。这里，由于无法统计微信发布和外借册次的关系，暂时没有展示出来。

表 5-5　浦东图书馆活动与读者统计

年份	本年新购藏量	文献外借册次	活动场次	到馆人次	借书证数
2011 年	39. 2 万	217 万	75	245 万	12. 4 万
2012 年	22 万	252 万	111	273. 9 万	13. 2 万
2013 年	24. 9 万	281. 7 万	144	357. 8 万	20. 5 万
2014 年	37 万	397 万	571	400. 9 万	23. 8 万
2015 年	78. 1 万	458. 9 万	920	402. 2 万	27. 7 万

续表

年份	本年新购藏量	文献外借册次	活动场次	到馆人次	借书证数
2016 年	32.2 万	511.8 万	1070	541.1 万	31.4 万
2017 年	22.9 万	500.2 万	912	600.8 万	34.2 万

（根据浦东图书馆历年年报数据）

6. 使用情况的评估

图书馆每年要购买大量的资源和数据，以及读者使用后由此产生的更多的数据。如何把这些资源变成指导工作、为更多读者使用的宝藏，又是一个传播的课题。这个课题做得好，传播评估就更加扎实，而且对下一步开展图书馆数字阅读服务具有指导意义。例如，某图书馆今年买了同方知网数据库，但是使用率如何？下载量多少？以前很多图书馆把这项效果工作的统计是交给资源商供应商来做的，供应商当然不会说自己的资源使用率不高啊。这就容易产生“自说自话”的问题。有了馆方的大数据分析，我们图书馆就可以知道自己资源的使用情况了，这在下一步资源采购和传播中更加心中有底。

还有，图书馆拥有大量的书籍，每年旧书籍剔旧都是比较盲目的，有了大数据分析，查到一些书多年都没人借过，同时又有复本，那就可以适当剔旧了。这对图书馆的传播评估也是有益的。因为我们总是把最好的、最适合读者需要的资源留下来了。大数据分析在图书馆资源原有基础上，再次产生分析，对图书馆的科学决策和更有效的传播，起到了推波助澜的作用，应予以充分的重视。

技术是人创造的，只有人智慧了，技术才能为人所用。

第六章 未来图书馆的传播

现在，互联网已经深入到人类社会生活的方方面面，成为日益横亘一切领域的“雄狮”，几乎每个企业都在提“互联网+”这个概念，但不少是在凑热闹。就像媒体融合一声令下，大家一窝蜂做 APP。“互联网+”首先是腾讯公司提出来的，其前身是网络公司。如果是传统行业起家，还是叫“+互联网”比较好——互联网是一种工具，它能提升生产和传播的效率。图书馆一样经历这样的变化：谷歌、百度等搜索引擎成为信息资源的获取途径，电子资源在图书馆资源中的比重日益增加，图书馆不再是人们获取信息和知识的唯一途径。将图书馆的重心放在智能技术的应用上并不能叫智慧图书馆，充其量是“智能图书馆”的建设要求。技术是人创造的，只有人智慧了，技术才能为人所用。所以，技术永远代替不了人。

第一节　未来图书馆的发展态势

美国社会学家雷·奥登伯格（Ray Oldenburg）在《绝好的地方》一书中提出了一个新概念“第三空间”。照他的说法，第一空间是家庭居所，第二空间是工作单位；二者之外的公共空间如酒吧、咖啡店、图书馆和公园等是第三空间。第三空间是一个公共交流的地方，没有职场的等级意识，也没有家庭的角色束缚，人们可以自由地释放自我。未来图书馆发展前景之一就是“第三空间”，人们在这里可以分享阅读和交流。

有的文化馆馆长们质疑：你提出“第三文化空间”，几乎把所有与文化有关的东西，读的、看的、演的、玩的……都囊括进图书馆了，那我们还有空间吗？答案是：未来的图书馆就是要成为文化的综合体，这也符合联合国教科文组织发布的《公共图书馆宣言》——图书馆要向人们提供接触各种表演艺术、文化展示的机会，有支持口述传统文化保存和传播的使命，是消费场所，创造之地和分享乐园。

一、未来图书馆将在很多方面重新定义

1. 重新审视图书馆馆藏走向富媒体化

在信息资源全面走向数字化的时代，图书馆的知识内容也走向富媒体化。信息从本质上是多媒体和富媒体（Rich Media）的，音、影、貌、形、图、表和数据等“原生态”地反映自然和社会，只是由于以前要广泛地组织、传输、利用和保存这些信息形态很困难，所以不得不用纸张和文字来近似粗略的代表或代替。但在新的信息环境下，凡是使用智能手机的人都感受到，信息形态和交流方式迅速变化，也必然带来了学术记录形态和学术交流模式的演变。有一天实体书没有了，但图书馆仍

然在那里，会承担着保存文献、学术和社区功能聚集地的重责。

2. 重新审视阅读与图书馆服务

毫无疑问，在图书馆，我们将享受并将继续享受慢阅读带来的乐趣、承认并将继续利用细嚼慢咽下的深度思考。但处于海量信息、激烈竞争、交叉融汇、不确定化探索的创新环境，人们需要针对那些问题模糊、知识不清、缺乏明确发现路径的“弱信息”需求，通过快速发现和关联大量知识内容，梳理复杂问题领域的知识点及其结构、鉴别和确认问题及其问题关系、探索可能的趋势与路径，因此需要对海量文献进行快速总结性阅读、探索分析性阅读、知识构建性阅读，以及针对知识空白与异常等的发现性阅读和针对特定问题解决方案的建构型、评价型、诊断型阅读，阅读变成一种主动、互动、探索和构建的过程，变成贯穿从数据到信息、到知识、到智慧、到解决方案的整个过程的活动，这时，孤立或离散或悠缓的内容吸收远不能满足需要。我们以前习惯把知识发现等同于文献检索与获取，但在大数据和机器学习的支持下，智能检索已经迅速成为新常态，例如，谷歌学术、必应学术搜索，来自 EBSCO 和 Ex Libris 等公司的集成检索平台。信息素养的内涵将远超文献检索与利用技能，将必然包括数据素养、多媒体素养、数据计算素养、智能组织素养、基于知识的实验与发现素养等。在工业化时代被机器取代的人可被称为“机器难民”，在信息时代被数字鸿沟阻于发展门外的人可被称为“信息难民”，而在知识化、计算化时代无法利用丰富资源与能力来赢得竞争的人将成为“计算难民”。知识服务类机构，也必须具备组织可计算内容资源、提供智能阅读与发现服务、提供深度分析，提供对各层次需求的智能决策支撑等的能力。

3. 图书馆的建设重心也发生了变化

吴建中在 2012 年《转型与超越——无所不在的图书馆》一书中从

“人”“资源”“空间”三个方面探讨了图书馆的知识服务体系，并且强调当代图书馆建设要以“人”为根本。我们就从这三个方面具体看一下有哪些变化：

（1）“资源”的变化。就“资源”要素而言，图书馆由“为藏而藏”向“为用而藏”发生了转变。起初，人类将认识客观世界的活动和结果形成记录，由于技术的匮乏，不能较好地存储和传播，所以藏书阁或者图书馆成为保存人类文明记录的圣地，图书馆的功用也就仅仅停留在“为藏而藏”的阶段。随着知识量的爆发式增长，图书馆有限的空间无法存储海量的资源，图书馆只能按照“二八定律”来满足大部分读者的知识需求，不断购买新的资源。但是相对于一座图书馆而言，资源总有饱和的一天。所以，将原有资源更新剔旧再创新，就成为图书馆和馆员的主要任务。同时，即使需要图书馆的信息资源，也更加向精准化、颗粒化转变。

（2）“人”的变化。原来的图书馆，主要是围绕来馆读者（也称核心读者）而开展服务的，但是，随着技术的提高和运用，政府以及社会对图书馆提出了越来越高的要求，呼吁图书馆在满足核心读者服务基础上，进一步延伸到社区、学校等，更有越来越多的人呼吁图书馆要变成可以“24 小时服务”的虚拟图书馆，甚至是读者深入参与图书馆发展的方方面面，这样，“人”的需求的变化，也需要图书馆做出调整和改进。

（3）“空间”的变化。原来的图书馆大都是按照储藏空间和借阅空间来设计的，在信息技术进步的条件下，很多人已经不需要走进图书馆才能获得信息了，所以，图书馆又要对其空间进行调整，开辟很多分享交流的空间，使其更加宽松和自由。

4. 一些专家学者对未来图书馆的描述

北京大学信息管理系教授刘兹恒曾从信息技术的发展、政策环境及其他人文因素等方面，对我国图书馆的发展趋势进行预测与展望，总结归纳出图书馆未来发展的十大趋势：趋势一，图书馆服务泛在化；趋势二，图书馆工作网络化；趋势三，图书馆资源数据化；趋势四，图书馆功能智慧化；趋势五，图书馆阅读移动化；趋势六，图书馆空间创意化；趋势七，图书馆用户自主化；趋势八，图书馆工作规范化；趋势九，图书馆馆藏仓储化；趋势十，图书馆事业社会化。

上海图书馆副馆长刘炜认为：未来图书馆将体现两方面的价值，即场所的价值和服务价值。前者要求图书馆由单一满足阅读服务向综合性文化空间转换，可以开展丰富多彩的活动，成为满足人们面对面交流需要的文化场所；后者需要将服务嵌入到用户的环境中去，让图书馆的功能无所不在。其实，两种价值在形态上很难分出你我，但是为了便于说明，我们在这里还是做一下区分。

第一，从场所的形态发展，将更加注重图书馆作为城市第三空间/第三场所的价值。即在保持借阅量持续增长的基础上进一步创新活动方式，提升策划能力，吸引更多的读者走进图书馆。为此，国际图联大都市图书馆专业组提出了影响图书馆未来发展的新指标：推广活动、社会媒体、数字流通、数字参考。

推广活动：从图书外借向信息交流和信息共享转移。随着网络化数字化的发展，重视图书馆在社区教育和文化所扮演的角色。推广活动将成为衡量图书馆服务的一项重要的指标。

社会媒体：广泛应用于图书馆，利用博客、微博、微信和网络视频等开展信息服务已经相当广泛。

数字流通：电子书在数字阅读中具有潜在的带动作用，随着数字阅读技术的广泛普及，数字流通必定会在图书馆迅速发展起来。

数字参考：数字咨询将引领信息咨询，是图书馆最重要的核心业务之一，今后大量的信息咨询将在网络上进行。

第二，从服务价值形态，更加注重复合型图书馆的建设。图书馆正在经历从提供阅览设施到营造学习环境的转型。进入数字化时代，读者的信息需求更加多样化，必须重新思考如何营造受读者欢迎的复合型学习空间。

动静分区。为了保持阅读的安静，需要在读者温馨提示、地毯设计等细节上下功夫。要有走动的空间，例如餐厅、咖啡吧等。要考虑到人的基本需求。例如，在图书馆如何打电话？有些图书馆应对这种情况是这样做的——馆内设置多个电话亭，提供打电话人士需要。

便利阅读。要利用信息技术方便读者，在这方面，很多图书馆已经做得不错了。比如说线上查询，提前预约图书借还等。作为阅读的最基本条件，灯光必须要满足阅读的要求。图书馆的书桌，应该要宽大。

休闲方面。图书馆不仅仅只有一般的功能，还应该要有一些休闲娱乐的功能。图书馆内可以增设视听中心，让读者能在视觉、听觉上享受。

培训学习方面。图书馆内讨论空间必不可少。除此以外，有的时候，图书馆还可能办一些小型的研讨会。所以，图书馆内提供小型的场地供演讲以及分享，也是可行的。

创业创新方面。图书馆“信息共享空间”的概念已经从获取书刊——获取信息，现在又有图书馆对此做进一步延伸，即获取工具（制造空间），即将工具也看作是一种资源，让这些工具为读者的创意设计提供灵感。读者将各种创意工具带到图书馆进行交流、切磋，图书馆为社区创意经济的发展提供一个公共交流平台。比如，有些图书馆引进3D打印，让读者利用这一工具进行创意设计和制作。这只是列举了部分未来图书馆服务的方向。

二、不是不要图书馆，而是需要建设更多、更精美的图书馆

近20年来，信息技术突飞猛进。随着网络的普及和网络带给人们方便、快捷的搜索引擎检索，使人们足不出户就能获得自己所需的大量信息资源。在这种形势下，为读者提供各种文献信息服务的传统图书馆的利用价值仿佛越来越低，它的存在也仿佛受到了威胁。

但是也看到，一些人将技术的作用过于夸大，认为图书馆即将消灭。这种观点的典型代表就是兰卡斯特，作为技术学派的领军人物，在数字图书馆发端之处，他提出了“无墙图书馆”取代实体图书馆的预言。事实上，图书馆作为一种传承文化、保存思想的重要机构，将会永远存在下去。

（1）人们依然需要图书馆。人们读书的目的具有双重性：一是工具性；二是价值性。工具性是为了求知或研究需要，价值性是指追求人生的乐趣。现在到图书馆的读者，也是工具性和价值性兼有，但是图书馆的工具性渐渐被数字化资源和人工智能满足，而阅读的价值性目的，将人生读书视为快乐的目的，将逐渐凸现，在未来也是无法被取代的。满足这种需求将是图书馆的主要功能，所以，我们判断，高品质的图书馆和纸本图书以及讲座等将赖以永存。

（2）人们需要更多的公共空间。图书馆作为公共空间，具有其他公共场所不可替代的价值，例如“安静”这一项，商场做不到，咖啡馆也做不到。20世纪末，数字图书馆兴起时，因为业界和学界对数字图书馆的鼓吹，曾经误导过不少政府官员，以为只要建设数字图书馆就可以了，无须建设图书馆。如今数字图书馆的建设已经达到了相当的程度，可是近10年来，我国图书馆的馆舍建设比数字图书馆的建设发展得更快，这是特别值得肯定的具有拨乱反正意义的进步。但是我们必须

看到，我国的图书馆数量仍然很少，图书馆的馆舍面积仍然严重不足。

（3）图书馆作为人类文化的集成，它所特有的保存人类文化遗产的功能，即收集、整理、加工、存储、分析、处理、传输和利用信息资源的功能，兼具社会教育的功能，这些是任何其他网络、媒体所不可替代的。并且，图书馆作为社会整体的一个组成部分，其发展是随着整个社会的发展而发展的。随着人们生活节奏的不断加快，行业竞争日趋激烈，为了生存，人们必须不断学习新知识，提高自己的素质和业务水平。图书馆是一座没有围墙的大学，它的存在正好满足了人们获取新知识和大量信息资源的要求，人们可以在这所社会大学里进行终身学习。

（4）图书馆为了跟上信息时代发展的要求，已经从传统的纸质为主的服务方式逐渐向现代化的服务方式转变，在文献借阅、工具书检索（包括印刷型、电子型）的基础上，大力增加电子信息服务的功能。而且，图书馆已经从传统的、被动的、一般性服务向现代信息咨询服务转变，增加信息咨询服务、信息检索培训、信息素养教育等内容，并经过加工、整理、分析、比较、综合，向读者提供更优质的服务。

（5）图书馆正在取消各种入馆限制条件，降低入馆门槛，积极向更广大的读者开放，进一步体现公共图书馆的“公共”二字。“公”者，公开、公平、公正也；“共”也，众也，群也，任何社会，总有一部分人处在信息供给的低谷和末端，需要公共图书馆这类的机构存在。信息公平如果得不到保障，就是数字鸿沟的产生。

2002年，宁波市筹建宁波大学园区图书馆，并且命名为“宁波高教信息园区图书信息中心”。当时该馆颜务林馆长认为，称之为“图书信息中心”是没有前途的，他建议改为图书馆。他认为，要回答好图书馆的本质是什么，图书馆应该干什么的问题，图书馆最后的归宿不应是数字图书馆，因为那样图书馆就可以关门了。

事实上，从图书馆发展历程来看，图书馆大致经历了传统图书馆、复合图书馆、数字图书馆以及正在经历的智慧图书馆4个阶段，图书馆服务也相应地经历了从封闭服务到开放服务、传统服务到信息服务、知识服务到智慧服务的变化。但万变不离其宗，只有坚持以人为本，以需求为导向，图书馆才会永远存在。

三、知识管理时代呼唤更专业的图书馆馆员

图书馆是基于知识内容的知识服务平台，当知识本身走向数据化和计算机化的时候，图书馆提供服务的目标、方式和能力基础也将发生重大转变，图书馆必须面对如何解决大量知识媒体带来的知识组织、知识秩序、知识学习、知识传播和知识预测等问题。

（1）知识管理需要馆员将原来简单的书本知识借还“搬运”、提供场地聘请讲师进行阅读推广工作等，转变为对知识的深度理解和“闭环式”加工传播。例如，在某一项热点出现后（诺贝尔奖颁布前后），可以围绕这个主题开展相关系列文献推送，邀请有关专家进行诺贝尔奖的讲座展览等，同时将讲座展览视频进行二次传播，整理后进入图书馆数据库等。这时所需要的馆员，是包括思考传播、学术传播、内容传播、媒体界面传播和大数据分析为一体的立体式传播的专家。

（2）人事招聘部门是传播工作的重要把关者。在一个单位对外招聘时，不是简单的发布招聘，而是要知道自己馆的理念是什么，我要招聘什么样子的专业、工作经历、性格等方面的人。现在图书馆人事干部在馆员招聘中，还存在一些不足的地方，最大的问题之一就是招聘发布方式传统，例如，在信息发布时，没有结合本单位本行业的微信、微博等媒体进行宣传，而是按惯性通过人才市场单一渠道进行信息发布招聘，导致信息发布渠道单一，图书馆价值理念没有体现出来，许多热爱

图书馆、来过图书馆的人不知道这一渠道，而通过人才市场渠道招聘的，很多是出于生存和职业的需要前来报名，这样招聘的馆员，必然质量和忠诚度上打了一些折扣。可见，最基础的人事部门，也是图书馆的重要传播者。

（3）馆员要更加针对读者心理需求开展传播。面对同样的图书馆宣传推广，由于读者的主观状态不同，就可能引起某个读者的注意，而引不起另一个读者的注意。读者的动机、态度、经验和兴趣都是影响读者对特定对象产生注意的主观性因素。当读者产生了某种需要或动机后，一切能够帮助读者借阅到所需图书资源的信息，对读者来说都具有一定的实用价值，容易引起读者的注意。例如，我们可以设想读者是如何对国学图书资源反应的。假设图书馆发布了一则国学主题书展的消息，对于国学没有兴趣者来说，这也许被当作无关信息过滤掉。可是，对于国学专业的人或对国学很感兴趣的读者则是令人兴奋的消息，他们如获至宝。很明显，如此不同的反应倾向，来自各自不同的需要。在信息具有很大的实用价值时，较长的或者较详细的传播，可能正是有关读者所期待的。需要与动机的理论给我们的启发是，图书馆的传播要充分了解读者的信息需求，了解他们想知道什么，需要知道什么，进而实现更有针对性的信息传递。

（4）制度上通过馆员赋权以及“项目制”培养其传播的策划和组织能力。一线服务人员直接面对着图书馆用户，而服务人员的仪表举止、态度意愿直接会让用户感知，所以图书馆要全面支持和理解一线服务人员的工作，通过给予其相应的工作权利、服务条件和部门支持等方式得到内心服务价值的认知；同时通过学习、交流、培训等方式，促进服务技能与经验的提升，从而有效提升员工的知识能力和工作效率；同时，图书馆仍要注重用户对图书馆服务的传播作用，满意的用户会转变那些不接受产品和服务的人的看法，使图书馆的整体社会价值能够得到提升。

（5）阅读馆员要热爱传播、培训读者。阅读方式的转变，使得图书馆的管理和服务呈现出许多不同于传统图书馆的新特点，并对图书馆员的专业素质、文化修养、知识组织以及计算机技术等能力，提出了更高的要求。而我们新一代馆员置身于信息爆炸时代，在举办各类活动、讲座、展览中，都需要适时转变角色，站在读者的角度来理解、传播信息，用完备的知识结构和完整的信息能力武装自己，时刻提醒自己所肩负的传播的责任意识，用知识创造智慧与力量作为服务的理念，在五光十色的海量信息世界中，及时甄别信息的真伪，将最科学的、最有价值的信息推荐给读者，真正承担起传送“智慧与力量”的使者角色。

美国图书馆协会2009年颁发的《图书馆馆员核心能力》要求所有拥有图书馆学情报学硕士学位的人员（也即潜在的图书馆馆员）必须掌握和运用以下基本知识：

图书馆专业基础知识；

信息资源；

知识和信息整理/组织；

技术知识和技巧；

参考咨询和用户服务、研究、继续教育和终身学习以及行政管理。同时要求实际从业人员必须拥有具体岗位要求的其他知识。

服务质量保持和提升的关键取决于人才的选拔质量。美国图书馆是如何招聘馆员的呢？南达科他州拉皮德城市公共图书馆初级技术服务图书馆馆员（Technical Service Librarian I）资格要求：图书馆学情报学硕士学位，或至少在读图书馆学情报学硕士课程。工作性质和要求：了解图书馆和信息技术原则、实践和技术，掌握各种计算机技术，包括熟悉网上信息查询和局域网络，拥有很好的语言和书面交流技巧，服务不同年龄的读者。使用 Web2.0 技术、社会网络技术以及传统图书馆服务手段来促进图书馆馆藏发展和服务。由此可见，公共图书馆招聘初级馆员一般只要求拥有图书馆学情报学硕士学位，没有工作年限和专业经验要求，但会对空缺岗位进行详细描述，对馆员的能力提出具体规定。应聘人员可以根据自己在图书馆学情报学院接受的专业培训，考虑该岗位是否与自己的知识背景和能力相符。

第二节　未来图书馆传播特点

即使未来的某一天，如今的技术成为历史，人们仍然会读莎士比亚和马尔克斯，人们仍然会听莫扎特和鲍勃·迪伦，和来自家乡底特律的已故音乐家艾瑞莎·富兰克林；人们还是会思考几千年来激发哲学家和诗人灵感的诸多问题。因为我们的艺术，文学，音乐和建筑都是人类历史文化中最持久的文物。未来图书馆传播手段将进一步贴近人的需求，但更重要的是传播的内容更加丰富多样，不断吸引人们走进图书馆。

一、从“馆藏内容”为中心到“高质量服务”为中心

在社交媒体时代，传播各节点之间的交流应该是双向的、互动性强的，而目前图书馆与用户的网络交流方式仍然是以图书馆为中心、为主导，表现为以馆藏建设为中心，用户只是单方面接受信息，并没有完全参与到图书馆活动和服务中来，导致用户的信息没能及时反馈给图书馆，而仅仅靠几次用户调研根本无法完全解决问题。

1. 高质量服务首先是有互动

21 世纪是信息的时代，也是人的需求进一步被激活的时代。未来

的图书馆一定注重体验感和互动性，一定更注重高质量的服务，不断适应时代需求和迅速发展的读者需求。传播受众应关注互动性，因此我们要鼓励用户通过网站、社交媒体或者线下的各种途径及时向图书馆反馈意见或者是提出表扬，形成通畅、有效的沟通机制，发挥社交网络的优势，更多地了解用户行为和用户对图书馆的看法。并且图书馆会越来越通过加强建设志愿者队伍，邀请用户为图书馆的发展献言献策等实现互动。

2. 高质量服务一定表现为更加注重创意体验设计

以深圳少年儿童图书馆为例，“科创阅读计划”是深圳少年儿童图书馆探索中小学创新教育模式，努力提升中小学生创新素养、科学素养的一次重要实践。“科创阅读计划”启动后，深圳少年儿童图书馆将与卡耐基·梅隆大学乐博士（中国）深度合作，在深圳少年儿童图书馆建立科创阅读基地，基地为深圳市免费培养机器人教育老师，并向深圳市中小学生免费开放体验。卡耐基·梅隆大学是全球第一所开办机器人学专业并授予博士学位的学府，其机器人科技水平世界领先。这意味着全球最领先的机器人知识将在深圳“落地”。随着上海推进建设科创中心的步伐，“众创空间”将得到更多关注和助力。上海图书馆于2013年开设“创新空间”，以文化创意为主题，以“激活创意、知识交流”为主旨，以各类创新型活动项目为载体，以馆藏文献、数字技术、创新工具为支撑，激发读者智慧，营造创新氛围，实现创新灵感与设计的对接，营造一个学习交流、信息共享的复合型新空间，为创新者提供孵化空间，让创新更容易。

3. 高质量服务需要个性化服务

我们看看英国伯明翰图书馆的做法。2013 年 9 月开放的伯明翰图书馆新馆，第一年来访读者约为 350 万，这里提供 150 万卷图书、数量庞杂的档案材料以及 300 万张照片影像，因此，伯明翰图书馆将成为有“特殊地位”的收藏品的最佳存放地。除了图书以外，照片、文献以及其他所有在图书馆内的东西都将存放在恒温恒湿的房间里。例如：“文学作品集”中有莎士比亚的《第一对开本》，还有弥尔顿、约翰逊以及塞万提斯的作品；“伯明翰文集”记录和描绘了伯明翰城市演进和发展的每一个部分；“音乐集”收录了世界上独一无二的亨德尔的歌剧脚本以及埃尔加的通信。这些档案类和遗产类文献中，最珍贵的要数全世界范围内都有极其重要地位的《伯尔顿和瓦特档案》，它们被称为是世界上最重要的关于工业革命的档案；该馆还收录了与伯明翰剧院相关的资料，最有特色的是剧院与萧伯纳之间的通信。作为社区的中心区域，图书馆这不仅仅只是存储图书，还应成为获取知识、建议和活动的场所。读者们可以在此获得书籍、音乐、CD、DVD，甚至是游戏，而那些并非想一头扎进书堆的人也会被吸引到伯明翰图书馆，查资料、查族谱、交流健康信息、寻找商务支持，获取就业帮助、写作简历，参加培训拿到资格证书等。

4. 高质量服务需要提供高质量的产品

图书馆不但是城市的一张文化名片，而且是社会和经济发展的智力库，因此图书馆需要一批具有高水平知识信息服务的馆员，是做好图书馆传播的“利器”。当前，科学研究进入新常态，大量的交叉学科研究、转换性研究、跨学科跨地域合作研究、基于重大复杂战略问题的研究，以及开放众包型科研和公民科研，都对知识的发现、挖掘和利用提出了新的要求；在教育与学习上，为培养创新创业人才和社会文化领袖，研究性学习、项目型学习、群组式探索性学习等，已经成为国际一流大学的标配；在这些过程中，挖掘和分析知识及其布局、趋势、空白、异常、冲突、转折等，探索和发现可能性、路线图、政策机制等，也成为学习与研究的必备能力。而且，这时用户需要的不仅仅是、甚至主要不是有图书馆馆员为其提供服务，而是为其提供可计算可分析的知识资源以及相应的知识工具和挖掘分析方法，培育用户自主的知识挖掘与分析能力，使其可以把知识挖掘发现与自己的思考分析紧密结合起来。

现在，一般公共图书馆能够为读者提供简单的咨询服务，如文献提供和二、三次文献服务，并设立咨询台安排专职人员进行现场咨询，但是在知识数据化的时代，关键看图书馆是否有这个意识和能力做好高端信息服务。做得好了，自然更加受到社会和政府的高度认可，传播以及自身的地位和影响力也就不成问题了。这里主要涉及两个需求主体：一是为政府部门提供高端智库信息服务。地方政府是区域经济社会发展的规划者和推动者，本身具有强大的信息收集和分析能力，图书馆要能做好这块工作，必须付出极大的努力。这块做得比较好的是上海图书馆（上海科技情报研究所），由于他们有强大的数据库和较多的高端人才，在服务政府决策咨询上，已经是一般高校和科研机构达不到的水准。浦东图书馆也长期为新区政府提供内部参考信息及定题服务，积极服务于浦东的产业与经济发展。已形成具有自身特色的服务产品如《今日舆情》《文化工作信息》等，尤其舆情监测服务，为政府部门及时引导舆论导向，正确处理舆论事件提供很大帮助。2013—2016 年共提供立法决策专题信息咨询服务 34 项，得到了浦东新区人大、政协和代表委员们的一致肯定与好评。但是，要做到专业和高质量的服务，还需要更多的研究和投入；二是为企事业单位科研工作者提供科技文献资料。有关专家多次提醒图书馆界，要有危机意识，要清醒地看到我国科技界急迫的知识创新需求、企业和行业的技术创新与市场创新需求、每年近 800 万大学毕业生的创造与创业需求、广大农民工寻找机会争取转型的发现与学习需求、广大民众在安全健康等方面发现鉴别最新可靠知识的需求等，我们要“有痛感”地认识到社会对知识发现、知识学习和知识创新的不断深化的迫切需求与我国当前的知识服务能力不充分、不深入、不平衡的尖锐矛盾，要负责任地把人民群众对知识发现与知识创造的美好向往作为我们的奋斗目标，不满足于不断增多增大的图书馆建筑或者馆藏，不依恋于到馆读书等自己熟悉的舒适地带。图书馆要建立通道，对科研人员除借书增加数量外，还可向馆提出他们所急需的科技图书或科技期刊信息，通过定向联系供应商及时购买，满足其科研需求以及开展送书到科研机构企事业单位，为他们定点收集、整理和采购一批科技文献图书，并及时提供相关科技情报信息等。

二、从学习为中心到公共交流空间价值的凸显

何为“公共”？公共是“共有”，是人人可以参与和分享。在当今社会，人们需要更多的公共空间，让人们聚在一起，交流和分享，这就是公共图书馆越来越重要的价值。

图书馆空间价值愈发突出。图书馆首先是看书和阅读的地方，所以环境一定要安静、舒适，光线肯定要好，还要为读者提供各种方便，像有充足的热水，干净的厕所就不说了，通风、防火设施，桌椅的舒适与否等都要有好的考虑和设计。从这点来看，许多图书馆兼有休闲的功能。因为既然是看书时可以休息，难道不看书就不可以来休息吗？如果一个图书馆，大家在看书时想到来馆，不看书时也想来休憩一下，是不是可以说更富有魅力？可喜的是，现在越来越多的图书馆重视其休闲的功能了。

例如，2015 年 9 月，华东交通大学网站一则新闻是这样说的：开学伊始，图书馆的休闲区悄然发生了变化——在图书馆北大厅、文渊阁

旁和东天庭，错落有致地摆放了各色休闲桌椅。原来是校方非常关心学校的文化建设，将学校的文化建设与师生的学习生活紧密结合起来，投入部分资金改善学校教学区生活区的人文环境，不断扩容学校的休闲娱乐空间，使得学校校园环境焕然一新。

如果说这所大学空间变化是一个很小的创新，那么，鼎鼎有名的诚品书店又是如何做的呢？作为诚品来到大陆的首间旗舰店，诚品生活苏州坐落在湖光旖旎的金鸡湖畔。将“舞台布景”的空间设计概念演绎得淋漓尽致。整栋建筑以“人文阅读、创意探索的美学生活博物馆”为概念，通过博览大厅、大型步梯、诚品书店流畅串联起全馆空间，引领人们悠游于其中（见图 6-1）。

图 6-1　苏州诚品书店布置值得国内图书馆人学习

具体而言，这是一座“不止是书店”的城堡。一楼博览大厅：推开两扇玻璃大门，诚品生活苏州东、南、北三个主入口处均规划有博览大厅，像三块磁铁一般吸引着八方来客。

博览大厅不仅以挑高 18 米、延伸 30 米的大尺度空间规划向聚集于此的人们敞开双臂，未来还将不定期举办各类艺术家作品展览，一场诚品的人文艺术之旅，由此开启。从诚品生活苏州的北入口进入，一座高达 18 米、宽达 6 米的 72 阶大型步梯，以利落质朴的清水模为主要材质，引领着人们从博览大厅直通位于最高层的“精神殿堂”——诚品书店。上百个设计师服饰品牌、文创品牌：从二楼直下地下一层的，是高达 18 米的挑空中庭。环绕中庭的则是专为“游逛”乐趣而设计打造的开阔大平层——上百个设计师服饰品牌、文创品牌汇聚于此。四季花园：三楼有个 400 多平方米的四季花园，带着自己喜爱的书上来坐坐吧！这不仅仅是个书店，零售将占到 40%、餐饮占到 25%。绝对是剁手党、吃货党的福音。负一楼：因挑空设计而形成的地下一层中庭广场是整栋建筑的腹地，也是诚品生活苏州的人气聚集地，众多主题餐厅聚集在周围。

书店还会经常举办多种活动，包括展览、讲座和演出等，诚品店员也是有个性的爱书一族。苏州店的定位、呈现方式也与众不同：苏州店以复合式城市文化综合体为其运营模式，融入苏绣、昆曲、评弹和核雕等苏州传统文化，期望成为融合苏州本地精神的城市文化新地标。

杭州图书馆借鉴“第二起居室”“第三空间”等国际先进理论，整合一切文化内容，汇聚多种文化样式，将图书阅读、知识传播、技能培训、文化交流和艺术体验等功能融入图书馆的“文化综合体”发展目标，组建了“市民合唱团”“文澜沙龙”“咏秋社”等读者自主活动社团，使图书馆不仅能够满足读者文化阅读和文化享受的需求，也保障其文化创作、文化表达的权利和需求。同时，也是更主要的是，杭州图书馆在总分馆建设上做到了细分和延伸，许多专业分馆应运而生，如：音乐分馆、运动分馆等。杭州图书馆的几个分馆与主馆不在一起，而是根据需要分散在杭州市的不同区域，她们都有着各自的主题，为读者们就近提供专项的服务。例如，位于浣纱路的“生活主题分馆”，这个分馆提供的主要是生活方面的服务，一位参观的读者说：在大厅里面，我们看到了11月上半月的活动安排居然有16项之多，内容涵盖京剧、摄影、美妆、版画、植物编织、家装、美食、钩针、园艺、婴幼儿饮食和旅行等方方面面，想要提升生活品质的都市达人尽可以在这里找到需要的帮助。分馆总共有四层，都是开架式的借阅方式，图书就在你的身边，可以随意地浏览和选择。我们来到了位于天竺路的“佛学分馆”，它与位于市中心的生活主题分馆和少年儿童分馆不同，佛学分馆坐落在自然环境优雅的风景区内，远离城市的喧嚣，地方不大，读者服务区只有一层，藏有《高丽藏》《龙藏》等几部藏经和其他的佛教、佛学书籍，平时会举办一些书画活动和讲座、讲经活动，主讲人有大学的教授和寺院的法师。

芬兰赫尔辛基10号图书馆位于赫尔辛基火车站旁边主邮局大楼，收集了大约4万种音乐的录音和各种各样的音乐书籍，乐谱和录像。图书馆有3个音乐工作室用于录音、剪辑和试唱等，馆员都具有音乐教育背景。读者可以自己创作音乐，可以与其他音乐人或音乐爱好者交流，也可以在小型的表演场地演示自己的作品。赫尔辛基图书馆案例启示：信息是资源，空间是资源，人也是一种资源，如果说这些资源充分调动起来的话，图书馆就会越办越红火。现在学习方式越来越多元化，阅读是学习，交流也是学习。在以外借为中心的时代，推广活动是第二层次的业务，今天，推广活动已成为核心业务的一个组成部分，而且其重要性越来越突出。总之，在继续提升外借量的同时，我们要更关注人与人之间面对面的交流。未来的图书馆是不是24小时并不重要，引导阅读，普及阅读才是责任。

三、从纸质阅读为主到纸质数字阅读并重

数字图书馆的发展，使得公共图书馆基本实现“无论何时何地通

过任何图书馆为任何人提供任何所需信息资源”的服务目标成为可能。但是，数字时代应该有符合数字技术特点的文献存在与表现方式，而我们今天看到的电子书大多是纸本书简单的数字复制品，并没有能够充分地发挥数字技术与网络技术的特点与优势，从而给读者提供符合时代特色的、能够充分展现数字技术和互联网技术优势的良好的阅读体验。

1. 对数字阅读的需求在迅速增加

大家都知道《读者》这本杂志吧？在数字化时代，为抢占新媒体制高点，2007 年 1 月，《读者》成立官网，网站让《读者》杂志由传统的独轮车（纸媒）运行转为两条腿走路（纸媒与网络并存）。《读者》杂志也紧跟新媒体节奏，一步步开通读者手机报、读者手机网、读者官方微信，并在微信上提供微阅读、经典短篇和互动等服务。随着电商的发展，2012 年 8 月，《读者》正式开通了阿里巴巴店铺，尝试对子刊《读者原创版》进行网络销售，《读者》电子商务网络化的序幕由此打开。《读者原创版》阿里巴巴网店 2012 年 9 月 1 日正式运营。这几年，《读者》先后推出了一系列的数字化产品，例如，手持阅读器电纸书、阅读手机、平板、液晶触摸一体机等，这标志着《读者》不再是一本纸质杂志，线上的大力发展也让《读者》与读者之间的互动方式更加多样化。所以，未来的数字图书馆，对于图书的作者、出版者和服务商来说，也不仅是按照传统的模式写作、编纂图书，或者把纸本书扫描或转换成电子版，它将对图书的创作、出版到销售和服务提出新的要求，引发一系列的变革。

2. 数字阅读的增加呼唤重视对读者的信息素养培训

1989 年美国图书馆协会下设的“信息素养总统委员会”在其年度报告中对信息素养的含义进行了重新概括：要成为一个有信息素养的人，就必须能够确定何时需要信息并且能够有效地查寻、评价和使用所需要的信息。中山大学潘燕桃教授认为，信息素养就是信息意识（信息有感受力）、信息知识、信息能力、信息伦理等的综合。

信息素养类型：数字素养、计算机素养、网络素养、数据素养、图书馆素养、学术素养和媒体素养等我们大致来说一下。

（1）数字素养，就是在数字环境下，利用、发现、理解评价利用信息的能力；

（2）计算机素养，最有代表性的是人工智能计算机应用和人机协作关系产生；

（3）网络素养，互联网的发明经历了 Web1.0、Web2.0、Web3.0 阶段，出现了移动互联网连接一切能力的趋势；

（4）数据素养，每个人都在生产数据，例如，对一件好商品的好评率，这是用户分享数据的结果，标志着我们进入大数据时代；

（5）图书馆素养，图书馆具有海量文献资源，可以高效、免费地获取。与商业化的搜索引擎相比，其实检索效率更高。

1998 年，美国图书馆协会和教育传播协会制定了学生学习的九大信息素养标准，概括了信息素养的具体内容。

标准一：具有信息素养的学生能够有效地和高效地获取信息。

标准二：具有信息素养的学生能够熟练地和批判地评价信息。

标准三：具有信息素养的学生能够精确地、创造性地使用信息。

标准四：作为一个独立学习者的学生具有信息素养，并能探求与个人兴趣有关的信息。

标准五：作为一个独立学习者的学生具有信息素养，并能欣赏作品和其他对信息进行创造性表达的内容。

标准六：作为一个独立学习者的学生具有信息素养，并能力争在信息查询和知识创新中做得最好。

标准七：对学习社区和社会有积极贡献的学生具有信息素养，并能认识信息对民主化社会的重要性。

标准八：对学习社区和社会有积极贡献的学生具有信息素养，并能实行与信息和信息技术相关的符合伦理道德的行为。

标准九：对学习社区和社会有积极贡献的学生具有信息素养，并能积极参与小组的活动探求和创建信息。

3. 每一种阅读方式都有其功能与价值

一个时代有一个时代的阅读形式，我们的祖先已经经历了许多不同的阅读方式，数字时代也必将有数字时代的阅读方式，电子书与纸本书只是文献载体形式的差异，无论是纸本阅读还是数字阅读，都是好的阅读方式，完全可以也应当根据每一个人的阅读习惯选择合适的阅读方式。有人说，数字阅读与手机阅读都是碎片化阅读，因而对此忧心忡忡。我以为，人类获取知识与信息的方式是多种多样的，每一种阅读方式都有其功能与价值，碎片化阅读也是一种有益的阅读方式。倘若人们能够充分利用碎片化的时间来获取知识与信息，我们应该为此感到高兴，更何况，有谁听说《诗经》三百篇、《唐诗三百首》是一口气读完的？我们在读一首诗、一首词、一篇文章的时候难道不是在进行碎片化阅读？我以为，重要的不是阅读的形式和工具，而是阅读与否和阅读的内容。

《简书》有一篇文章，分析了为什么大脑偏爱纸质书呢？撇去情怀成分、收藏成分，客观地分析：为什么大脑偏爱纸质书呢？因为读纸质书时，大脑更专注。心理学有个现象叫沉没成本（Sunk Cost），你对 A 付出得越多，为了保持认知协调，对 A 就越重视。A 可以是赌博，输的钱越多越想赌；A 也可以是读书，付出得越多，读书决心也就更大。反之，有些人动不动就下载 10G 免费电子书，心中窃喜，像是收藏了宝物，读的时候却漫不经心。轻松得到的东西，我们往往不会在意，要有所付出，才会珍惜。读纸质书，你只能双手捧着书。读电子书，你可能遇见各式广告弹窗、微信消息，或者不知不觉退出了阅读界面，转而浏览其他网站了。

总之，互联网的发展使读者的阅读习惯正在逐渐发生转变，图书馆已经进入数字化转型期，加快数字资源的建设、信息技术的应用以适应读者需求的变化，推动图书馆的馆藏数字化、传递网络化、资源共享化，是图书馆未来发展的重要趋势。在未来，图书馆可考虑推动数字资源传递网络化，为用户提供高速跨库连接信息获取服务，满足读者在更大范围内实现信息交流和获取需求。

四、从图书馆“单干”到全面开展社会合作

社会文明的进步是推动图书馆前进的根本动力，在知识迅速增长、文献量急剧增加、读者需求不断变化的今天，如何更好更快地记录、贮存和传输大量的信息，已成为一个社会问题。从这个意义上来讲，图书馆不能再是孤立的、单一的传统图书馆，而应是网络化、系统化的现代化图书馆。也就是说，图书馆应主动面向全社会，走共享之路，使每个读者有其书，建立为全体社会成员服务的文献信息服务体系，使其服务具有更大的广泛性和普遍性。事实上，单独任何一个图书馆都无法做到满足社会对文献的需求，只有不断地联合，和图书馆之间的联合，和社会各界的联合。未来图书馆不仅重视社会合作，而且会在社会合作中进一步扩大自身的传播影响力。

作为信息传播者，先看一下图书馆和图书馆的联合。在过去的几十年间，社会的知识量翻了几十倍乃至几百倍，书刊出版数量猛增，但因书价倍涨，图书馆的藏书空间有限，任何一个图书馆都不可能购买读者

所需要的全部图书，分散、互不协调、各自为政、孤立的图书馆，已无法满足读者的要求。因此，有的图书馆已经开始打破旧的观念，通过建立区域图书馆联盟、电子资源联合采购、加入类似 OCLC 的机构，逐步建立起从国际到国内，从中央到地方的现代化的文献信息社会化服务网络系统，每个图书馆则成为社会化体系中的一个组成部分。读者在一个图书馆，不但可以得到该馆的藏书，得到该馆的帮助，而且可以通过联机检索、馆际互借得到整个图书馆网络的藏书和帮助；通过现代化服务手段，可以充分享受人类社会所积累的一切文化成果。而如此广泛、细致、周到的服务，已不像从前那样只对少数读者，而是全社会成员都有权利并且能够享受这种服务。

作为社会教育平台，再看图书馆和教育的联合。1965 年在联合国教科文组织主持召开的成人教育促进国际会议上，联合国教科文组织成人教育局局长保罗·朗格朗（Paul Lengrand）提出“终身教育”理念。根据保罗·朗格朗的观点，终身教育是指人的一生的教育与个人及社会生活全体的教育的总和。我国著名教育家、文学家陶行知提倡的“生活即教育，社会即学校”的教育理念得到广泛认同。从教育生态系统看，教育至少包括家庭教育、学校教育和社会教育，三个方面互为补充，互相衔接，互相促进，建立起良好的教育生态系统。图书馆作为社会教育机构，是实施社会教育的重要资源和平台，是教育系统中最为开放的部分，能为其他二者提供支持，是个人开展终身教育的重要资源。

其他的合作还有很多，例如作为阅读推广阵地，图书馆与社会各方如出版社、学校等开展多方面的合作。作为第三城市空间，图书馆可以和更多的社会机构合作。可以说，“合作”将是未来图书馆发展的重要推动力。

后记

传播三问

这是一本写给图书馆馆员的书。

图书馆工作和图书馆员这一职业应该是受人尊重的，因为它在为市民提供精神的“食粮”和文化的传播。但实际情况是，图书馆的很多功能并不为人所知，图书馆馆员的自信心仍然不足，图书馆还不是一个天下英才愿意汇聚的地方。

究其原因，一方面是图书馆在自身定位和内涵发展上还需要不断与时俱进，适应现代社会的需要；另一方面，在对外传播上要注意策划思考，有效推广，让更多人知道现代化图书馆的功能。所以，能够去思考图书馆自身存在的问题，无论是哪一方面，都是一件好事。

其实，在互联网时代，图书馆不是不需要传播，而是更加需要传播，争得舆论的话语权。我觉得也不需要长篇大论，就问三个问题，大家就会判断出图书馆传播的重要性了。

一问：人人都知道单位的组织人事部门是一个相对“内部”的机构，那么请问：图书馆里的人事部门有传播的任务吗？

答案是：非常有。

俗话说“道不同不相为谋”，因为人事部门是选人的第一关口，在招聘人员前，不仅考虑是简单地推荐一个岗位出来，更是借此机会传播图书馆的价值观、工作内容和社会意义，从而吸引更加热爱图书馆的人才加入队伍，推动我们的事业前进。从具体实施上来说，人事部门要通过什么平台发布信息、如何发布又是一个传播问题。一些单位在发布信息时就是通过国家统一事业单位招聘平台进行，但是这只是发布渠道的一种。也可以同时通过图书馆的微信平台、图书馆专业平台同时发布，这样让喜欢图书馆、熟悉图书馆的人知道这个信息，来报考图书馆，这样传播的效果是不是更佳呢？可见，最幕后最基础的人事部门，也负有传播的重任。而怎么传播，如何传播，渠道是什么等，又需要很强的传播策划能力。

二问：图书馆馆员现在工作积极性不高，觉得在图书馆工作自信心不足，待遇低，没发展前途，都是为读者做嫁衣……试问怎么调动他们的积极性进行传播？

答案是：有办法。

因为并不是所有馆员都在乎钱，在乎名。但是作为一个职业人，大家一定在乎自己的工作是否有发展，个人是否能学到本领，从而对社会是否有贡献！也就是说，每个馆员都想通过努力，在服务读者的同时，也希望自己成为某一个方面的专家。真正只是混饭吃的人极少！

就传播而言，馆员传播图书馆的前提是理解图书馆，进而逐渐认同图书馆的价值观。那图书馆就应该做三件事：搭建平台，提供课题和实施项目制，进行激励。

以搭建平台为例，可以让图书馆馆员轮流在科室内部进行月度工作发言，让他们每年至少 1~2 次走上主席台，去讲解自己的工作、去做课题研究，让馆员真正去格物致知，理解工作，热爱工作，热爱图书馆，努力提升他们的职业获得感成就感。那么，他们进行传播不就是更加努力和专业了吗？

三问：图书馆传播不就是负责媒体接待和做微信的那几个人在做吗？

答案是：不是。

因为图书馆负责微信发布的那几个人，仅仅是信息的发布者。如果信息发布后就结束了，那只是进行了传播中的一个环节。大量的信息的传播，包括活动发布、活动传播、结果传播、二次传播、视频传播、展览传播等都可进一步实施。事实上，图书馆除了内部管理事务之外，其他一切都要对外界传播。重要的传播需要一专题一策划，甚至提前几轮策划采访，包括选择什么媒体或载体、采访哪些人物等，它是一个从策划、采访到媒体版面、传播产品、载体栏目、时段的全过程管理。

本书还列举了其他传播方式，如图书馆官网上有读者点选“新书”的功能，但是对于很多不上官网的人来说，这就是传播的一个瓶颈和盲区，需要采用其他微信、微博、海报等形式进行二次传播、交叉传播。

本书是根据 5W 传播模式，即谁来传播（who）、传播内容（what）、渠道媒介（which channel）、受众（to whom）、效果（what effect）的思路来写的，逻辑性较强，加上所配插图很多，比较方便阅读。

以前看过金一南教授所著《苦难辉煌》一书，书中有一段这样说：毛泽东的根基在井冈山，不在白区，在人民手中，更不在共产国际。不能设想他在大城市租界内外压低帽檐东躲西藏，更不能设想他像小学生一样端坐在共产国际会议厅里背诵冗长的决议。他属于那片实实在在的土地……

其实，联想到图书馆，我觉得基层图书馆就是这样，不仅仅是一个简单的文化单位，也是一片“沃土”，关键看如何去研究。特别是信息化的时代，图书馆要更多不是依赖“馆藏资源”，而是需要依赖“馆员服务”去赢得世界。如果不去研究基层不去思考和创新，仅仅是就事论事，就很有可能荒废了自己脚下的这片“土地”。

这是一个伟大的时代。我希望我们的图书馆和图书馆馆员在这一宏伟的时代里有奉献，也有成长，我们的事业就会有源头活水，奔涌而来。我们的每个文化基层单位就会如星星之火之势，可以燎原。

王韧

参考文献

曹涵促,张红,2007. 赋予更新改造的旧建筑以新的生命——北京大学图书馆旧馆改造[J]. 建筑学报,(6):68-71.

常唯,2003. LibQUAL+™——图书馆服务质量评价方法新进展[J]. 大学图书馆学报,(4):23-26.

陈春英,2006. 机遇与挑战——图书馆不会消亡的[J]. 河北科技图苑,(9).

陈克杰等,2010. 浦东图书馆(新馆)建设[M]. 上海:上海人民出版社.

陈力丹,2015. 传播学的基本概念与传播模式[J]. 东南传播,(3):50-53.

陈淑仪编译,2017. 美国纳什维尔公共图书馆文化传播的先锋[J]. 新华书目报,6-23.

陈幼华,杨莉,谢蓉,2015. 阅读推广视角的图书馆空间设计研究[J]. 图书馆杂志,,34(12):38-43.

程孝良,李勇等,2009. 手机图书馆:传播原理、媒介影响与未来展望[J]. 图书馆杂志,(8).

戴元光,金冠军,2009. 传播学通论[M]. 上海:上海交通大学出版社,41.

德弗勒,丹尼斯. 大众传播通论[M]. 王怡红译,北京:华夏出版社,1989.

邓文池,2014. 防控与传播:网络环境下的图书馆舆情危机研究[J]. 图书馆建设,(2):20.

狄冬梅,2014. 浅谈图书馆的智慧与力量[J]. 科技情报开发与经济,(4):9-11.

段宇锋,徐红芳,王灿昊,2018. 点亮心灯——记浦东图书馆视障者服务[J]. 图书馆杂志, 37(8):30-35+42.

方太强,1992. 对中美大学图书馆馆长的分析比较[J]. 大学图书馆学报, (2):40-41+31.

丰素贞,2018. 图书馆读者关系管理模式探赜[J]. 潍坊学院学报, 18(1):117-120.

冯广珍,2014. 基于CIS战略的新时期图书馆形象塑造[J]. 农业图书情报学刊, (4).

谷慧宇,2009. 大众传媒与图书馆传播功能比较[J]. 青年记者, (9).

郭云鹏,徐宝祥,2015. "满意镜像"理论与高校图书馆服务质量测度和优化[J]. 图书情报工作,(1).

郭云鹏,2015. 我国图书馆内外部用户的"满意镜像"研究[D]. 吉林大学博士论文.

国际图联,2002. 公共图书馆服务发展指南[M]. 上海:上海科技文献出版社, 1.

哈罗德·拉斯韦尔,2013. 社会传播的结构与功能[M],展江译, 北京:中国传媒大学出版社,35-36.

胡冬敏,2014. 心理学与图书馆宣传推广工作[J]. 科技视界,(7).

黄刚军,张广祥,张毅,2007. RFID技术及其在智能图书馆的应用[J]. 电子测试, (6):45-47.

姜利华,2014. 基于5W传播学理论的图书馆阅读推广研究[J]. 图书馆学刊, (11):60-62.

蒋春花,2004. 当前大学图书馆的六大矛盾及其对策[J]. 图书馆学研究.(3):39.

蒋永福,2009. 社会包容:现代公共图书馆的使命[J]. 中国图书馆学报, 35(6):4-9+55.

柯平,2011. 我们需要什么样的图书馆馆长[J]. 国家图书馆学刊,(1).

雷鸣,2014. 关于传播定义的再思考[J]. 新闻研究导刊, 5(9):53.

李超平,2014. 从图书馆宣传推广到图书馆营销[J]. 山东图书馆学刊, (3).

李超平,2013. 公共图书馆宣传推广与阅读促进[M]. 北京:北京师范大学出版社, 5.

李超平,2008. 图书馆推广:观念与操作——兼论读者活动[J]. 图书馆建设.(10).

李海英,2011. 图书馆服务管理[M]. 北京:国家图书馆出版社, 115-117.

李普曼,2006. 公众舆论[M]. 阎克文译. 上海:上海人民出版社, 57.

刘铁军,2006. 职业认同——图书馆蓬勃发展的源动力[J]. 科技情报开发与经济,

(18).

刘晓清,2009. 美国公共图书馆的理念、服务与阅读推广[J]. 图书馆研究与工作,(4).

刘艳,张立菊,2006. 图书馆传播问题研究[J]. 图书馆学刊,(2).

蒙星磊,2012. 浅谈公共图书馆和农家书屋的共同发展[J]. 群文天地, (9).

秦晓婕,2014. IFLA 图书馆国际营销奖及其背后的营销理念[J]. 图书情报工作, 58(6): 142-146.

全球传媒学刊 . 2017. 断裂的平衡:中国对外传播制度史探析 (1966-1976)[J].(3).

沙勇忠,1994. 图书馆传播效果初论[J]. 图书馆建设, (2).

邵培仁,1996. 传播模式论[J]. 杭州大学学报(哲学社会科学版), (2):159-169.

邵培仁,1997. 传播学导论[M]. 杭州:浙江大学出版社, 15.

汪俊,2016. 新形势下少儿图书馆阅读推广策略研究[J],新教育时代,(14).

王国平,2015. 中国最早的公共图书馆考[J]. 图书馆理论与实践, (9):96-99.

王明珺,2013. 浅谈中小学图书馆设阅读指导课堂对培养青少年读书意识的作用[J]. 内蒙古科技与经济 . (15).

王萍,2001. "技术"与"情感"的共存——以图书馆建筑设计为例[J]. 华中建筑, (3): 41-44.

王世伟,2017. 略论智慧图书馆的五大关系[J]. 图书馆杂志, (4):4-10.

王世伟,2011. 未来图书馆的新模式——智慧图书馆[J]. 图书馆建设, (12):1-5.

王晓英,2005. 没有永远忠诚的读者关于加强受众研究的一点思考[J]. 新闻知识, (10):20-22.

王志军,2010. 公共图书馆宣传推广活动的组织与策划[J]. 图书馆学刊, 32(8):16-17.

文化部、财政部,2011. 关于推进全国美术馆、公共图书馆、文化馆(站)免费开放工作的意见[J]. 群文天地, (7):4-7.

吴晨光,2016. 读者和用户的区别[J]. 新闻与写作, (9):75-76.

吴建中,2012. 转型与超越:无所不在的图书馆[M], 上海:上海大学出版社,(6).

吴立奇,王巧玲,2011. 国际图联营销奖及其对我国图书馆营销的启示[J]. 新世纪图书馆, 8.

夏立新,白阳,张心怡,2018. 融合与重构:智慧图书馆发展新形态[J]. 中国图书馆学报, 44(1):35-49.

谢莉,2012. 新加坡国家图书馆管理局的营销理念与实践[J]. 图书馆,(1).

邢宝凤,2003. 高校图书馆馆长素质新探[J]. 津图学刊, (5):17-18.

徐春艳,2005. 图书馆传播效果评估模式设计[J]. 图书馆学研究,(9).

杨絮,于良芝,2018. 兰卡斯特的预言与 iSchool 的抱负:跨时代的话语分析[J]. 中国图书馆学报, ,44(3):4-20.

姚善友译,1985. 富兰克林自传[M]. 北京:三联书店, 97-99.

于良芝,2008. 我国公共图书馆服务体系建设[J]. 山东图书馆季刊. (3).

喻国明,2010. 基于第三代网络搜索技术的舆情研究[J]. 山西大学学报,(1):134.

张波,2011. 美国图书馆"快照日"活动及其启示[J]. 图书馆建设,(11).

张洁,李瑾,2000. 智能图书馆[J]. 图书馆理论与实践, (6):12-13+31.

张晓林,2011. 颠覆数字图书馆的大趋势[J]. 中国图书馆学报, (5):4-12.

张晓林,2018. 颠覆性变革与后图书馆时代[J]. 中国图书馆学报, (1):4-16.

张媛丽,2016. 关于公共图书馆信息无障碍体系的思考[J]. 图书馆学刊, 38(9):94-97.

张祖刚等,1992. 清华大学图书馆新馆工程建筑设计评论会[J]. 建筑学报, (1):12-22.

周旖,于沛,2014. 公共图书馆的基本立场与社会角色——对《公共图书馆宣言》1949 年版、1972 年版和 1994 年版的分析[J]. 图书馆论坛, 34(5):1-7.

邹婉芬,2018 ."互联网+"环境下的图书馆跨界合作模式考察[J]. 图书馆论坛,38(9):119-123.

Diana L. H. Chan, Edward Spodick. Space development[J]. New Library World, 2014, 115 (5/6).

F. W. 兰卡斯特 . 1985. 电子时代的图书馆和图书馆员[M]. 北京:科学文献出版社 .

Hernon P, Altman E. 2010. Assessing service quality: satisfying the expectations of library customers[M]. American Library Association, 10.

Karsten Harries. 1998. The Ethical Function of Architecture. MIT Press; New edition.

UNESCO/IFLA 公共图书馆宣言,1994. http://www. ifla. org/VII/s8/unesco/chine. pd.

2017 国际图联(IFLA)国际营销奖揭晓,中国图书馆队包揽前三名![EB/OL].[2017-05-17]. http://www. sohu. com/a/141267582_669468.

ALA's Core Competences of brarianship http://www. ala. org/alafinalcorecompstat09. pdf.

Davenport T H: the new science of winning [M]. Boston: Harvard Business School Press. 2007.

De Candido G A A. After the user survey, what then? [M]. Association of Research Libraries, Office of Scientific and Academic Publishing, 1997. 7.

诚品大陆的首家旗舰店开幕.[EB/OL].[2015-11-29]. https://socialbeta. com/t/store-in-suzhou.

程焕文. 2013. 图书馆的价值与使命[J]. 图书馆杂志,32(3):4-8.

杜洁芳. 内蒙古图书馆"彩云服务":你选书我买单,中国文化报,[EB/OL].[2015-6-29]. http://wht. zj. gov. cn/dtxx/2015-06-29/187383. htm.

法国著名文学史家保罗·亚哲尔建议孩子读这些书.[EB/OL].[2009-03-09]. http://blog. sina. com. cn/s/blog_5ee3d2430100chhd. html.

关键因素是师生关系.[EB/OL].[2017-11-13]. http://www. vccoo. com/v/k0r4x5.

国际图联关于图书馆与发展的宣言.[DB/OL].[2013-8-30]. http://chinalibs. gzlib. gov. cn/ArticleInfo. aspx? id=330887.

国务院关于印发"十三五"推进基本公共服务均等化规划的通知.[EB/OL].[2018-04-15]. http://www. gov. cn/zhengce/content/2017-03/01/content_5172013. htm.

哈佛新任校长就职演讲全文.[EB/OL].[2018-10-7]. http://cnwhjs. com/a/wangyuanzhijia/114080. html.

杭州市中心馆、总分馆及专业主题分馆服务实践.[EB/OL].[2013-11-20]. http://blog. sina. com. cn/s. html.

合肥晚报. 2014-3-28. http://epaper. hf365. com/hfwb/html/2014-03/28/content_785329. htm.

李克强:一个国家养成全民阅读习惯非常重要.[EB/OL].[2017-4-22]. http://politics. people. com. cn

刘兹恒．图书馆未来发展的十大趋势．[EB/OL].[2017-01-03]. http://www. sohu. com/a/136593877_669468.

美国图书馆员职业发展概况．[EB/OL].[2010-05-10]. http://blog. sina. com. cn/s/blog_5e28b3f60100iw10. html.

民营经济报．当图书馆遇见新加坡创意．[EB/OL]．[2011 - 03 - 06]. https://mp. weixin. qq. com/s? 3rd.

浦图新馆喜迎 6 岁生日．[EB/OL]．[2016 - 11 - 02]. http://www. pdlib. com/pdtsg_website/html/2016-11-02/detail_31743. htm.

少儿出版连续 17 年保持 2 位数增长．[EB/OL]．[2015 - 8 - 29]. http://media. people. com. cn/n1. html.

什么是信息素养．[EB/OL]．[2012 - 07 - 20]. https://wenku. baidu. com/view/175afe60f5335a8102d22079. html.

市图书馆学会举办 OCLC 业务培训．[EB/OL].[2018-10-12]. https://www. nblib. cn/art/2018/10/12/art_1953_114833. html.

图书馆走向数字化．中国经济网,[EB/OL].[2013-6-25]. http://www. pjtime. com/2013/6/333263148526. shtml.

为什么大脑偏爱纸质书? [EB/OL]．[2017 - 05 - 7]. https://www. jianshu. com/p/9ccf9c760b90.

吴建中,在中国图书馆年会上的发言．[EB/OL]．[2015 - 11 - 21]. http://www. chnlib. com/News/yejie/46290. html.

五馆合一,成都市首个文化综合体开放．成都日报[EB/OL].[2015-7-20]. http://news. chengdu. cn/2015/0720/1708565. shtml.

张家港市少年儿童图书馆搭载自动化指纹借阅系统,[EB/OL].[2015-8-29]. http://www. zjgzf. cn/news/zjgfc_26507. html.

中华人民共和国图书馆法第二条[EB/OL].[2017-11-09]. http://www. law-lib. com/law/law_view. asp? id=598375.

中华诗词网,[EB/OL].[2017-07-25]. http://www. haoshici. com/Baijuyi 5425. html.